ビジネスマンのための

「リーダー力」養成講座

経営コンサルタント
小宮一慶

はじめに

モンゴルのすごい経営者に「リーダー力」を見た

先日、モンゴルで講演をしました。モンゴル企業のご依頼でのことです。ウランバートルに夜に着き、翌日、丸一日を使っての講演、そして、次の日には帰途につくタイトなスケジュールでした。講演は、その会社の幹部たち約三百人を対象に、日本語で話して、モンゴル語に通訳してもらう形で行いました。

実は、この会社（タワンボグド・グループ）、すごい会社なのです。十八の会社を有し、人口約三百十万人のモンゴルで、約一万人の人を雇っているのですから！　銀行（日本のHISとの合弁）をはじめ、ホテル、世界有数のカシミアの製造、さらには、トヨタのディーラーもやっていますし、ゴディバ、ロクシタン、はたまたケンタッキーフライドチキンのお店、日本料理店などもやっています。わたしが行ったときにも、日本のアパレルの会社と商談を進めていました。
で、何を講演したか?というと、テーマは「お金を追うな、仕事を追え」でした。その経緯を少しお話ししましょう。

代表のバータルサイハンさんは50歳過ぎの方で、若いころに日本の電気通信大学に留学していたので、日本語はペラペラです。その彼が、日経新聞の広告で、わたしの「お金を追うな、仕事を追え」というのを見て、「この人だ!」と思ったそうです。すぐに、彼の秘書(この方も日本の大学に留学しており、日本語が堪能)からわたしの秘書に連絡が入り、講演の依頼がありました。

ここですごいのは、わたしが講演をお受けして、それほど日も経たないうちに、バータルサイハンさんがひとりで、わたしの二番町の事務所にいらしたことです。直接、あらためて講演のご依頼をされ、講演内容を確認なさって、帰っていかれたのです。

なによりその迅速な行動力に驚かされました。彼は一代でこれだけの企業群をつくりあげたわけですから、並大抵の行動力ではないことは確かなのですが、動きも速いのです。

講演に出席した幹部たち三百人の中には、日本への留学経験があり、日本語が日本人並みに堪能な人が十名以上いました。彼らをうまく使いながら、事業を拡大してきたし、そして、まだまだ拡大するとおっしゃっていました。

そのうえで、「お金を追うな、仕事を追え」ということを話してほしいと言うのです。講演前に、場所はモンゴルですから、「話してはいけないことはありますか?」と尋ねたら、「小宮さんのいつもどおりにやってください」と言われ、安心して話しました。「いつも自分が言っていることだが、違う人の口から言ってもらったほうが効果があるのです」とバートルサイハンさんは言っていました。成功する人の基本的な考え方は、日本でも海外でも同じなのです。

一時間半(通訳を入れて三時間)の話を二回(合計六時間)、一日をかけて行ったのですが、幹部たちにもわたしの話は十分に通じたようです。これまで三千回くらいは講演を行っているので、聴いている方の表情を見れば分かります(途中で、これまで熱心に聞いていた人たちが少しけげんな表情をしたときがありました。気づいたら、わたしが日本人に話していると勘違いし、通訳をしてもらうのを忘れて、数分間話し続けていたのでした。モンゴルの人は顔が日本人とほぼ同じですから)。

講演はウランバートルから五十キロほど離れた、観光用のゲル（モンゴル遊牧民の移動式住居）などもある新しいリゾート施設で行われました。これもバータルサイハンさんの指示です。彼曰く、「ウランバートルの会社の中でやったら幹部たちの意識も変わらない」という理由からです。

草原の中のリゾート施設での一日の講演を終え、一部の幹部たちとの、ゲル風のレストランでのワインやウォッカと羊料理（これが美味しかった！）の会食が終わり、わたしが帰ろうとしたときです。夕暮れが近づくゲルの外で、バータルサイハンさんが幹部たちに、お礼の歌を歌おうと言ってくれて、みなさんで、モンゴルの歌を合唱してくれました。とても感動的でした。**気配りも抜群なのです。**

このモンゴルでの講演は、わたしにとってもとても勉強になりました。バータルサイハンさんの**行動力、考え方、気配り**には、日本のリーダーたちも見習うべきところが多く、この本の主題とする「リーダー力」というものの実践を目の当たりにした気がしました。

日本経済「失われた三十年」の真の理由は？

ここで少し、日本のマクロ経済の話をさせてください。「リーダー力」とどう関係するの？と思われる方もいらっしゃるかもしれませんが、すぐにそのことはお分かりになると思います。

二〇一七年七月現在、日本の名目GDP（国内総生産）を調べてみると、約五百四十兆円と、三年前と比べると、四十兆円ほど伸びているのをご存じですか？　約八％の伸びです。

でも、多くの人にそんな実感はないと思います。実際、GDP（国中で生産された付加価値の合計）は給与の源泉でもあるわけですが、一人あたりの給与は、一九九七年をピークに、伸びていません。それなのに、なぜ？　なぜ、四十兆円も増えているのでしょう？

答えは簡単。計算の方法を変えたからです。

そうでないと、とても安倍政権の公約の六百兆円には届きませんから（これでも、届くとは思いませんが）。

ともかく、実際のGDPの数字は、一九九〇年代初頭から、統計のとり方を変えるなどしなければ、本質的にはまったく伸びていません。そして、統計の計算の仕方を変えたからといって、景気が良くなるわけでも、給与が増えるわけでもありません。やはり、日本の経済はずっと停滞しているのです。

少し前までは、「失われた十年」という言葉がよく使われていました。わたしも経済の本をよく書いていたのでその言葉を使っていましたが、その理由として、バブルが崩壊した、冷戦構造が崩壊した、というようなことが盛んに挙げられていました。わたしもそういうふうに述べていました。人口動態的な、つまり少子高齢化や人口減少などの説明もなされてきました。もちろん、これらも要因のひとつであることに間違いはないでしょう。

しかし、その九〇年代初頭からすでに三十年近く経っているのに、日本のＧＤＰはそのころから停滞したままです。一方で、アメリカの経済は？と見てみると、冷戦構造の崩壊も、ベルリンの壁の崩壊も、世界的バブル崩壊だったリーマンショックもあったというのに、同じ九〇年代初頭、六兆ドルだったＧＤＰはいまや十八兆ドル超と、三倍にも伸びています。中国は特殊事例とはいえ、十兆ドルを超え、二十倍近くにもなっています。ヨーロッパも、ギリシャ危機などで一時期は停滞しましたが、それでも伸びています。ドイツも、フランスも……。主要六十か国で、九〇年代初頭から本質的にＧＤＰが伸びていないのは日本だけなのです。

いったい、どういうことでしょう？　日本に何が起こっているのでしょうか？

この理由について、わたしはある仮説をもっています。すぐあとに詳しくお話ししますが、九〇年代初頭というのは、戦前の教育をきちんと受けた人たちが、政財官界から引退していった時期とぴったりと一致するのです。それが、九〇年代以降、この国の経済の停滞をもたらしている大きな原因ではないか？　現在のリーダーたちに「リーダー力」が根本的に欠如している大きな原因ではないか？

その仮説に基づき、ひとつの強い思いをもって、本書を書きました。

いま、日本にもっとも欠けているもの、そして、現在の日本の経済の停滞を招いているもの、それは、リーダーシップです。政治家を見ても、東芝の社長を見ても、あるべきリーダーシップをもった経営者やビジネスマン、政治家が非常に少なくなっていると感じます。すなわち、真の意味でのリーダーシップを身につけているリーダーがいない。

それが、ほぼ同じ外部環境のもと、それぞれ固有の問題を抱えながらも、日本以外の主要な国々がGDPを伸ばしている中で、日本だけが停滞している大きな理由だと思うのです。

ではなぜ、日本にのみ、リーダーシップが育っていないのでしょうか？

語弊を恐れずに言えば、それこそまさに、アメリカ主導の戦後教育の「弊害」と言っていいのではないでしょうか。もう少し詳しくお話しします。

一九九〇年代初頭というのは、先にも述べたように、戦前の教育を「まともに」受けた人たちが引退していった時期とぴたりと一致します。つまり、終戦の年の一九四五年当時二十歳ぐらいまでの人が戦前の教育をきちんと受けているとすれば、そこから四十五年経ち、その人たちが引退していったのが一九九〇年代初頭からなのです。これはバブル崩壊の時期と一致していますが、先ほどもお話ししたように、現在の日本では、バブル崩壊だけでは説明できない経済の停滞が続いています。

このように言うと、小宮は、戦前の軍国主義の教育を復活させよと言っているのかとおっしゃる方がいらっしゃるかもしれませんが、それはもちろん誤解です。戦前の教育がすべて良いと言っているわけではありません。軍国教育やいまの北朝鮮のような全体主義教育は許されるべきものではありません。ただ、戦前は、生き方やリーダーシップというものが、「道徳」や「修身」の授業で教えられ、それらをきちんと身につけていた人がいまよりずっと多かったように思う、ということです。そして実際、そういう人たちが政界や財界、そして官僚の世界から引退して以来、日本の経済は、そのときのレベルから成長していない、というのは厳然たる事実なのです。

戦前の教育に代わって日本中に染み渡ったのは、「アメリカ流」でした。生活においても教育においても、いたるところでアメリカの影響を受け続けてきました。それなら、アメリカと同じように一九九〇年以降も経済が三倍伸びてもいいように思えますが、そうはならなかった。これは、どういうことでしょうか? その理由は、GHQ(連合国軍最高司令官総司令部ですが、主力はアメリカです)が進めた統治政策にありました。

日本が敗戦した後、GHQの政策の目的ははっきりしていて、おもに二つです。ひとつは日本に二度と戦争をさせないこと、もうひとつが二度とアメリカに逆らわせないこと。そして、これらを達成するための最重要戦略のひとつが、教育を変えることでした。

いまの日本人はとてもおとなしいと思われていますが、これはアメリカの戦後教育によるものです。特殊な環境下とはいえ、特攻隊のような、自身の命に代えての自爆を行うような若者が育つ国は、他国にとってはとんでもない脅威です。国民全員が死ぬまで徹底抗戦をするという「一億玉砕」も叫ばれていたのです。それをなくすにはどうすればいいか。

それがGHQの第一の課題でした（「一億玉砕」など、いまのわたしたちには、まったく想像すらできませんね？　それこそアメリカの占領政策の大きな「成果」です）。

そこで占領軍は、まず武装解除をしました。そして、その次にしたのが教育改革だったというわけです。具体的には、戦前の教育をすべて否定することでした。そのなかで、リーダーシップや生き方の教育もなくなってしまったのでした。

横並びの年功序列で、トップダウンでは物事が決まらないのが、日本の会社の昔からの特徴だと思われがちですが、そもそも戦前の企業に、年功序列も終身雇用もほとんどありませんでした。現在、日本的と言われていることの多くは、戦後の高度成長期にできあったものです。つくれば売れる右肩上がり時代だからこそ、やってこられた仕組みだったとも言えます。戦前は、サラリーマン社長であっても、トップは強力なリーダーシップを発揮していました。そうでなければやっていけませんでした。

それに対し、いまはどうでしょう？

敬愛する経営コンサルタントの一倉定先生の有名な言葉に「会社には良い会社、悪い会社はない。良い社長、悪い社長がいるだけだ」というものがあります。東芝の事件やシャープの一連のニュースを見ていれば、これが中小企業に限ったことではないのがお分かりでしょう。台湾の鴻海《ホンハイ》に買収されたシャープは急激に業績を回復しています。これはもうリーダーの力です。

リーダーが変わることによって会社の業績も、会社の内容も大きく変わるのです。

それならば、この国の経済が、世界に類を見ないほど停滞を続けているということは？

そうです。**「良いリーダー」がいない**こと。**それを育てるリーダーシップ教育がない**こと、それが日本経済の停滞の理由です。これがわたしの仮説です。

リーダーシップの欠如がもたらした悲劇

学校教育の中でリーダーシップ教育はなされませんが、各企業では多くの場合、管理職研修など、何らかのリーダーシップ研修が行われています。けれども一日や二日（一週間以上であっても）で、リーダーとしてもっとも重要な資質が育成できるわけがないのは十分に想像できます。

では、もっとも重要な資質とは何でしょう?

それは、**価値観**です。

正しい価値観に基づいて正しい決断をする**決断力**です。

そして、先に挙げたバータルサイハンさんのような**行動力**です。

何をやるかだけが決断ではありません。何をやめるかというのも非常に重要な決断です。リーダーの決断次第で、大きな会社もいともたやすく傾きます。そのベースは価値観、つまり「考え方」なのです。必要なのは「正しい」考え方なのです。

例を挙げて見ていきましょう。

まずは、東芝。こちらは、そもそも判断の基準となる価値観が間違っていた例です。東芝の一連の経営破綻のきっかけとなった「不正会計」について、わたしは、あれは不正会計ではなく、会社の体質の問題だと思っています(当初から一部のメディアには書きました)。会社のトップがリスクに気づいていながら、正しい決断をせず、問題を先送りにしていたのですから。

そして、蓋を開けてみれば、出るわ出るわの問題続き。不正会計の問題は吹っ飛んでしまって、いまや焦点は、ウェスティングハウスの子会社の多額の減損をした後、破綻をどう回避するか。惨憺たる状況です。結局、半導体部門を二兆いくらで売るという話になりました。

いずれにせよ、トップの考え方が成功からほど遠いものだったということです。「三日で百二十億円の利益を出せ」といったことがトップから事業責任者に言われていたというのですから（わたしが事業責任者の立場だったら「あなたこそ頑張ってください」と言ってそんなバカ社長を残して席を立ってしまいますが、そんなことは部下の方は言えませんよね）。

ここで何が起こっていたかというと、要するに、**目的と目標を取り違えてしまっていた、**のひとことに尽きます（ちなみに、わたしが東芝の社長をぼろくそにけなすのは、もちろん、個人的怨みがあるからではありません。日本を代表するような会社が不正を行うことは、まともに働いている大多数のビジネスマンに多大な迷惑をかけるだけでなく、日本企業や日本経済への信認を失わせるからです。ピーター・ドラッカーが言うように、法律を守らない企業はその「存在」が許されないのと同様に、そのような不正行為を指示する経営者も「存在」が許されるべきでないのは言うまでもありません)。

目的というのは、企業の存在意義です。企業にとっての存在意義というのは、ピーター・ドラッカーが言うまでもなく「独自の良い商品やサービスをお客さまに提供し、社会に貢献する」ことです(別にいい格好をしているわけではありません。これなしで成り立つ会社はありません)。そして、会社のもうひとつの存在意義は、「人を活かし、幸せにする」こと。この二つがどの企業にも共通する目的なのです。

一方、売上や利益というのは目標です。ここで言っておきますと、わたしは売上、利益の出ない会社は信じません。なぜなら、ここで説明した目的をきちんと追求していれば売上や利益は出るはずですから。それが出ないのは、しっかりと目的を追求していないし、そのための行動をとっていないからです。しかし、売上、利益が目的化している会社はもっと信じません。そのような会社は東芝の例を見るまでもなく、不正すら行うからです。

東芝の元経営者たちはこのような基本中の基本を身につけていなかったのでしょうか。

東芝にもきっとミッションやビジョンや理念があったと思います。しかし、そういったものは形骸化し、全部忘れてしまって、とにかく「自分が社長をしているのだから、成績をあげてこい」という具合だったのだろうと推察されます。おそらくは、日立へのライバル意識、財界における個人的な野心（業績が良ければ経団連会長だって望めます）などが、もともとの使命感を忘れさせてしまったのでしょう。けれども、不正会計というのは犯罪です。不正会計が横行するなら、株式市場は健全に機能できなくなります。それなのに、それほどに感覚が麻痺し、正しい考え方ができなくなっていたとは……。

わたしは一連のことを見ていてとても悲しくなりました。働いている人たちもかわいそうですが、それ以上に悲しかったのは、いまの日本では、このような人しかリーダーになり得ないのか、ということです。名門東芝で、この程度の人しか……。

ある程度は年功序列で決まっているのだと思いますが、東芝も昔は、長く経団連会長も務めた土光敏夫さんをはじめ、立派な社長を何人も輩出してきました。でも、いまやそうしたリーダーが育たない土壌になってしまっているということでしょう。学校の勉強はある程度はできて東芝に入ったのだとは思いますが、かわいそうに人間としての生き方、成功する人の生き方をまったく学んでこなかったのでしょう。腐敗した東芝内部での出世競争には長けているだけの人だったのでしょう。

しかし、一般社会はそうではないのです。日本を代表する尊敬されるリーダーが何人もいた会社で、リーダーが育つ土壌がなくなっていくというのは、とても残念で、悲しいことです。

次に、スカイマークの例を見ていきましょう。こちらは、東芝の実質破綻前の歴代社長たちのように人間性の根本的な問題ではありません。基本的な考え方が間違っていたというよりも、戦略上の判断を誤った、つまり、正しい決断ができなかった例です。

スカイマークはご存じのように、JALとANAの大手二社の国内のドル箱路線のひとつ、羽田―福岡路線に参入し、その二社よりも安い運賃を実現することで成功を収め、路線を拡大しながら成長していった航空会社です。一時は百億円の利益を出すほどの勢いでした。その後、LCCの台頭で収益力が落ちたとはいえ、無借金経営でもあり、簡単に潰れるような状況ではありませんでした。しかし、あっという間に破綻しました。

少し細かく見ていきましょう。スカイマークの財務諸表、貸借対照表を見ると、まず気がつくのは、バランスシートがとても小さいことです。八百億円ぐらいしかありません。大手二社のバランスシートは兆円単位。スカイマークも何十機も飛行機を飛ばしています。飛行機一機でも百億円以上するのに、いくら三番手の航空会社といっても八百億円は少なすぎます。

これはどういうことかというと……そうです！　資産がないということ。つまり、飛行機を所有していたのではなく、リースしていたのです。

厳密に言うと、リースでもファイナンスリースとオペレーティングリースというものがあって、前者のリースだと資産や負債として計上しなければならないのですが、スカイマークは計上しなくてもいいオペレーティングリースで回していたのです。だから、無借金の健全経営でした。

こうして、ある程度事業が順調に育ってきたところで、次に、ドル箱路線の海外版をやろうということになりました。まずは、ロンドン。それからその延長線上でニューヨークにも就航させようとしました。そこで導入しようとしたのが、総二階建てのエアバスＡ３８０という五百人以上を乗せられる大型機です。ニーズのある路線ですから、多くの乗客を一度に運べる航空機のほうが運賃も安くできるので。それを六機導入しようとしました。

と、ここまでは経営判断として正しかったと思います。問題はここからです。

実はそのA380はリースができないものだったのです。というのも、このA380は総二階になっているため、搭乗口から機体への移動に使うタラップも二段必要になるなど、実はオペレーションの観点でたいへんな手間がかかる機体で、そのため不人気。つまり、リース後の引き取り先、転売先が見込めないから、リース会社は取り扱わない、というわけだったのです。

ここでやめておくという判断をしていればよかったのですが、当時の西久保社長は、リースができないと分かると、六機を買うという決断をしました。当時資産八百億円の会社が、六機で千九百億円の機体を買うことにしたのです。

判断をしたのが年間百億円ほどの利益が出ていた時期でしたので、いずれ採算がとれると考えたのでしょうが、すぐに、LCCとの競争で収益力が大きく落ち、そのような大金は払えなくなっていってしまいました。

リースができないと分かった時点でなぜ、やめなかったのか？ リースができるほかの飛行機を使うという決断をしなかったのか？　少なくとも、購入するとしてもA380を二機程度に抑えるという決断もあったはずです。決断は西久保社長がほとんど独りで行っていたようですが、なぜ周りの幹部はそれをとめることができなかったのか？

あとから客観的に見れば不思議に思えるかもしれませんが、話がかなり進んでしまっているなかで、気持ちはすっかり、一度に五百人運べる航空機を就航させることに向かってしまっていたのでしょう。そして、判断を誤ってしまった……。

この社長はITの分野で成功して財を成した方で、スカイマークでも一時は自身のお金をつぎ込んで、従業員のお給料を支払っていた、ある意味立派な方でした。だからこそ、部下たちも何も言えなかったのです。そういう典型的なワンマン社長でした。そして、最後は破綻の道を辿ったのです（現在は、ANAの系列となり新しい経営陣のもとで順調に再建中のようです）。

リーダーは、すでに発表していたり一度決めたことであっても、**引かなければいけないときには、引く決断**もできなければなりません。リーダーの決断力とはそういうことです。

リーダーに必要な覚悟と準備

リーダーには二つの「覚悟」が必要です。

それは、**先頭に立つ覚悟**、そして、**責任をとる覚悟**、です。

それらがないと、課長であっても部長であっても、大会社の社長であっても人はついてきません。

頭のいい人ほど、理屈で人は動くと思ってしまいがちです。しかし、リーダーシップというのは理屈だけでうまくいくようなものではありません。人は理屈についてくるものではないのです。

理屈で人を動かすことはできません。頭で覚えた理屈を言うと人が動くとか、結果が出るというようなことはまずないのです(もし、そんな理屈があるなら、その理屈でまず自分を動かしてみてください。自分すら動かせない理屈で人が動くと思っていること自体が大きな間違いであることに気づくべきです)。

リーダーといってもいろいろな階層があり、管理者には管理者としてのスピリットと覚悟が、経営者には経営者としてのスピリットと覚悟が必要です。けれども、いずれの場合も、**先頭に立ってチームや会社を引っ張り、そして、責任をとろうという覚悟が必要**なのです。

そうしたことは、やはり限られた時間内のいわゆるリーダー研修で、一朝一夕に身につくことではありません。だからこそ、地位を与える。そうすれば自ずと身につくものだと思っている人もいるかもしれません。昔から、「地位が人を育てる」とか「地位が人をつくる」などと言われてきました。誰かをある地位に据えたらその人は自然にその地位にふさわしい価値観をもち、覚悟をもつと。

けれども、残念ながら、それは誤解です。**「地位は人をつくらない」**、それが、わたしが長年多くの会社を見てきた中で悟ったことです。

もちろん、潜在能力があり、準備ができている人が地位を与えられたなら、その潜在力を発揮することは大いにあるでしょう。だからといって、地位を与えたら誰でも何とかなる、ということはないのです。野球の十分な能力のない人がプロ野球のバッターボックスに立っても打てないのと同じです。

実力や準備が伴わない人が高い地位についても、何とかなるなんてことはなく、むしろ、部下たちがたいへんです。パフォーマンスも出ませんから、本人もたいへんです。

「チャンス」の対の言葉は何か、ご存じですか？

「準備」です。チャンスは準備をしている人のもとにのみ、訪れます。準備をしていないとチャンスを活かせないので、何かいい機会があったとしても、結果としてそれはチャンスとはなりません。

では、リーダーになる人には、どんな準備が必要なのでしょうか？　どのような価値観、考え方、行動習慣を身につけていけばいいのでしょう？　地位を得る前に、それらについて日々勉強していく必要があります。


リーダーシップは、リーダーになった人にだけ必要なものではありません。若いときから、すべての人に必要です。準備ができている人のもとに、その準備に応じたチャンスが訪れるからです。そして、誰でも、そのための「正しい努力」というものが何かを知り、そして「積み重ね」を行えば、必ず身につけることができるものなのです。

この本は、現在リーダーの方にもぜひ読んでいただきたいのですが、すべてのビジネスパーソンの方に向けて、リーダーとしてどんな準備をしていかなければならないのか、どういう価値観を身につけ、勉強していけばいいか、あるいは、これから後進のリーダーを育てようとしている方に向けて、どのように導いていったらいいのか、その指針となればと思って書きました。戦後失われてしまったリーダーシップ教育の一翼を担えればという大きな野望を秘かにいだきつつ……。

お役に立てれば幸いです。

小宮一慶

二〇一七年秋の始まりに

ビジネスマンのための「リーダー力」養成講座◉目次

第1章

第2章

第3章 リーダーシップの名言たち――119

第4章 「リーダー力」を身につけるための10の習慣――153

第1章

リーダーに求められる10の力

リーダーには、どんな力が求められるのか？
理想のリーダーの条件とは？

リーダーに求められる力❶

決断力

もし、リーダーに絶対的に必要な力をひとつだけ挙げよ、と言われたら、わたしは、最初にこれを挙げます。すなわち、決断力です。

リーダーとは、決断する人である、とも言えます。これは経営者でも、部門のトップでも、チームリーダーでもみな同じです。

では、何を決断するのか？といったら、**方向づけ**です。

リーダーは、

何をやるか、何をやめるか

の方向づけの判断を的確にできることがもっとも大事です。

と、まあ、口で言うのは簡単ですが、実際に行うのはなかなかにむずかしい。けれども、これができない「優柔不断なリーダー」ほど困るものはないのも事実です。部下がその間、何もできない状況になってしまうからです。うまくいっていない人を見ていると、たいてい決めるべきことを先延ばしにしています。

そして、当然のことながら、その決断は正しいものでなければならないのです。百％確実な決断など、神ならぬ身の人間には不可能ですが、それでも、できる限り正しい決断をしなければなりません。

どのように、やるかやらないかを決断したらいいのか？

もちろん十分な情報が集まらないなかで、えいやっと決めればいいというものではありません。かといって、百％完璧に情報が揃い、百％失敗のリスクがない、などという状況はあり得ません。少しでも新しいことには常に、ある程度の不確実さとリスクが伴います。

では、何を基準に決めたらいいのでしょうか？

松下幸之助さんは、「六割やれると思うことをやる」とおっしゃっていたそうです。そして、あとは熱意と努力でカバーする、と。

孫正義さんの場合はもう少し慎重で、「七割やれると思うことをやる」そうです。でもおもしろいことに、「九割やれると思うことはやらない」とも言っておられます。それほど勝算のあることなら、他の人もやるに違いないから、と。

ですから、最近注目を集めた、三兆数千億円にものぼるイギリスの半導体大手企業ARM社の買収も、七割成功すると考えているのだと思います。その前のアメリカの携帯電話会社スプリントの買収は、いまのところは十分な成果が出ていませんが、あのときも実は勝算はあって、続いて、ドイツテレコムがもっているT-モバイルと合併させて、アメリカ国内で二強の携帯電話業界への対抗勢力をつくろうとしていたのです。ドイツテレコムとも話がついていて、いざ!となったときに、アメリカの独占禁止法に触れてストップがかかってしまったとか。

トランプ氏が大統領に決まったとき、孫社長が直ちに会いに行ったことが話題になりましたが、あれは、ビジネス寄りで規制緩和論者のトランプ大統領のもとでなら、スプリントとT－モバイルの合併ができるのではないかと考えたからでしょうね。ただ、スプリント買収以来、少し時間が経ちすぎました。T－モバイルとの合併への模索を続けていますが、今後の展開に注目です。

では、ARM社の買収についてはどうでしょうか？　これは、時間軸の問題だと思います。時間をかければ孫さんが考えているようにはなるはずです。IoT（Internet of Things）、すなわち、世界中のほとんどすべてのものにチップを入れてインターネットに接続しようという時代になっていく流れは間違いないと思います。ただそれが、彼が思っているスピードでできるかどうかは、誰にも分かりません。

何でもかんでもリスクをとって決めるというのはよくありませんが、かといって、どこまで行っても確度が百％になることはありません。

正しい価値観のもとに、自分なりに、やるか、あるいはやめるかを決断する基準をもつ。

これが、すべてのリーダーにとって、非常に重要です。

決断力も訓練次第！

リーダーのところには、ささいなことから重大なものまで、決断を要する案件が日々、次々に来るものです。それらをいちいち先延ばしにしていたら何も進みません。部下も動きようがありません。決断を先延ばしにするリーダーがもっとも困ります。

実際のビジネスでは、決断して実行したことで失敗することも当然あるでしょう。しかし、会社を傾けるほどの大きなリスクがない限り、それでも**決断しないよりずっとましです。早く失敗したほうが早く次の手を打てます**から。

では、失敗を恐れて決断を先延ばしにしてしまいがちな人、なかなか決められない優柔不断な人、自分で決めるより人に決めてもらいたがる人は、どうしたらいいのでしょうか？

そういうあなたはリーダーには向きません!?

えーーっ？　と、がっかりするのはまだ早い！　ここで、いいお知らせがあります。


決断力というのは、生まれつきの性格ではなく、自分で訓練して身につけるスキル

だということです。

スキルというより「習慣」と言ったほうがいいかもしれません。

「習慣化」のためには、ふだんから自分で物事を決める訓練をしておくことです。

まずは、レストランでの注文のような小さなことから始めるといいでしょう。決断というのは、呼吸のようなものなのです。小さな決断の癖が大きな決断への不安を減らします。

あとはそれを積み重ねる。小さな決断の結果、一定の確率で起こる小さな失敗を重ねることで、良い結果を得る決断のためには、どういう情報を集めるべきかということも自然に分かってくるでしょう。

「はじめに」で、チャンスを活かすには、「準備」が必要だと言いましたが、ここでの「準備」は、ふだんから、ものを決める練習をしておくことです。そして、やがて来るであろう大きな「決断」に向けての「覚悟」をもっておくことです。

「訓練」と「覚悟」

それが、リーダーとしての決断をするときのための二つの準備です。

決断力には、決断に必要な情報を見極める能力も必要

一方で、十分なデータがないと決められないはずのものを、深く調べて知ることなしに決めてしまうことがよくあるようですが、これはゆゆしき問題です。リーダーは、**決断にクリティカルに必要な情報が何なのか**を見つけ出す能力も必要ということです。

では、ここで、わたしがセミナーのときに使う短いケーススタディのひとつをご紹介しましょう。

もし、あなたがこのケースの新任社長だったら？　いっしょに考えてみてください。

ケーススタディ

あなたはイタリアの高級文具ブランドの日本法人の社長になりました。

もともとは大部分の商品を百貨店で売っていたのですが、五年前からディスカウントショップにも商品を卸すようになり、売上も利益も大きく伸ばしてきました。社員の数は変わっておらず、営業部員は基本的に歩合制ですので、社員の給料も、インセンティブのボーナスで大きく上がってきました。前任の社長もボーナスをたくさんもらって辞めました。

ところがここにきて、ディスカウントショップでの売上が落ち始めてきたのです。

さて、その後任となったあなたは、何をやらないといけないでしょうか。

さて、どうしますか？

本を閉じて、しばらく考えてみてください。

百貨店でもまた売れるように、ブランド力を高める?

そうですね。わたしのコンサルタント養成講座などにいらっしゃる方のほとんどが、最初のうちはそうおっしゃいます。そして歩合に近い形で計算している営業部員の給与体系をもっと一般的な会社のようなシステムにする、と。

ふうむ。残念ながら、間違いです。

では、小宮なら、どうするかって?
答えは——これだけでは決断できない、決断するには情報が少なすぎるから、です。

なんだ、と言わないでください。リーダーの決断力不全について、いちばん多いのは、決断を先延ばしにして結局決めないことなのですが、その次に多いのが、拙速、急いで愚かな結論を出してしまうことなのです!

リーダーやリーダーを目指す方々はみなさん、すぐに結論を出さないといけないと思ってしまいがちなのですが、正しい情報が不十分なままで決断してはいけません。このケースの場合、決断を下すには情報が不十分です。

たとえば、ブランド力を上げるといっても、すでに数年間、ディスカウントショップでたくさん売ってきたわけです。はたして、以前のイタリアの高級文具としてのブランドイメージは、まだ修復可能なのでしょうか？

となると、最良の打ち手は、そういう現状のブランドイメージを早急に調査したうえで、その情報をもって「**イタリアの親会社の意向を聞いてくる**」ということになります。

親会社は、短期的な利益を求める投資ファンドか何かで、ひょっとすると、ディスカウントショップで売上を立てていることに満足しているかもしれません。満足しているからこそ、前任の社長に多額のボーナスを支払ったのかもしれません。

またひょっとすると、イタリアの親会社は、伝統的な同族企業で、ブランドイメージの回復を願っている。前社長に提示したボーナスのプランが間違っていたことに気づき、それでも契約なので多額のボーナスを支払ったのかもしれない。いろいろな状況が想定されますが、いずれにしても、親会社の意向を聞いてくるのがいちばんです。必要なのはその情報で、さらには、親会社がその判断をできる情報なのです。

要するに、

決断にクリティカルに必要な情報は何なのか？

ということを見つけ出し、その情報を素早く集める能力も必要なのです。

それは、**論理的思考です。論理的に何が必要かを考える訓練**が必要なのです。

間違っても、情報がないなかで決断してしまってはいけません。

このケースでは、親会社の意向もわからなければ、ここでいうブランド力がいまどういう状況なのかということも分からないわけです。それを調べて、自分なりの仮説を複数もったうえで、親会社のところに行き、「こういう状況ですが、どうしましょうか」と、その意向を聞くのが正解でしょう。素人の人にこのケースを考えてもらうと、たいてい、「ブランド力の向上、回復」ということが出てきます。それに越したことはありませんが、現

状を知らない限り、回復可能かどうかも分からないわけです。そして、

必要な情報が得られた段階で決断する

のが、リーダーに必要な行動です。ただし時間をあまりかけずに、です。

ベースは価値観

そしてもうひとつ、方向づけの決断力で大事な要素は、**価値観**です。**考え方**のベースです。

先ほどの東芝の社長の話ではありませんが、お金を儲けられればいいというのは、まして不正をしてでも儲かればいいというのは、**論理的思考力の問題ではなく価値観の問題**です。

稲盛和夫さんは「ビジネスも人生の一部でしかない」とおっしゃっています。人間として何が正しいかという価値観を身につけておかないとビジネスも人生もうまくいかないも

のなのです。

では、会社がまず守らないといけないものとは何でしょう？　あなたの会社は、何を守らないといけないのでしょうか？

信用でしょうか？　看板でしょうか？　中には「従業員」という人もいると思います。

そのベースにある価値観とは何ですか？

大切なのは、それについて、ふだんから常に考え続けていることです。そして、それを守り通そうとする**価値観**をもつことです。それがいざというときの判断基準となります。

車を運転していて、「危ない！」と思ったら、とっさに右足をアクセルから離してブレーキを踏むでしょう。無意識でそれを行うはずです。「危ないから右足をアクセルから離して」なんて考えていたら、事故を起こしてしまいます。ふだんから何度も何度も繰り返しているからこそ、自然に身体が動くのです。

同様に、ふだんの判断も、小さなものから大きなものまで、**すべて、自身の価値観に根ざして行う**ようにしてください。窮地になってはじめて考えるようでは、リーダー失格です（そもそも、何があっても守り通そうという価値観をもっていないから窮地に追い込まれる、とも言えますが……）。

日頃から、もしこういう状況になったら、と、シミュレーションし、自身の価値観に基づいた準備をしておくことです。そのためにも「正しい」価値観を身につけていることです（何が、人生やビジネスに成功をもたらす「正しい」価値観かについては、後に詳しく説明します）。

リーダーに求められる力❷

情報収集力

1 聞き出す

前項の「決断力」のところでも、決断するために必要な情報を見極め、それを収集する力が必要だというお話をしたように、リーダーにとって情報収集力は、非常に重要です。

では、どこから、どのように収集するか？

情報はすべて人の中にあります。

ここで、まず、ネットや書籍を思い浮かべた人。まだまだ、ですね。

リーダーにとって、情報収集でもっとも重要なのは、「人から直接聞く」という方法です。ネットや書籍の情報も結局は、「誰か」が書いているわけです。真偽のほどは別として、その「誰か」から直接聞くのが最強の情報収集法です。

専門知識は、その道の専門家に尋ねればいい。会社のことなら、まず役員や社員に聞くべきです。お客さまに聞くことも大切です。これが欠けると、どういうことになるかというと、「独断」になります。

「独裁すれども、独断せず」

この言葉を残したのは、かつて名経営者と言われた近鉄の社長だった佐伯勇さんです。

「私の信念は『独裁はするが独断はしない』です。決断を下す場合、私はあらゆる知恵を集める。調査研究に十分時間とお金をかけることは言うまでもないが、社内の衆知を集めるためには階級差も衣冠束帯もまったく問わない」

「社外の専門家の意見も十分に聞く。ひとつの意見に飛びつき足ることは絶対にしない。そして熟慮してひとたび決断すればいかなる決断も逡巡も許さず断行する。こうした覚悟で下した決断はまず十中八九成功する」

松下幸之助さんも、同様のことをおっしゃっていました。

いろいろな人の意見を聞く。部下からもお客さまからも、場合によってはライバルからも。社内外から衆知を集め、そして、最後は自分で決断すると。最後はひとりで決めなければなりませんが、衆知を集めた結果決めることは、「独断」ではありません。

そして、**決めたことは徹底的に、結果が出るまでやらせます**。失敗でもかまわない。次に行けますから。早く結論を出すためにも、結果が出るまで実行を徹底するのです。

ダメなリーダーは、独断し、かつ、実行を徹底できない。だから、いつまで経っても結果を出せません。

さて、社員に聞く、といっても、そう簡単に本音が出てくるとは限りません。社外の人や専門家にしてもそうでしょう。ただ、うなずいて相手の話を聴いているだけでは、なかなか本質に迫れない。

相手のもっているものをどれだけ引き出せるか？

それはすべて、聞き手の聞く力にかかっています。

自分の意見を言って、あえて反論を引き出したり、鋭い質問をするのも、「聞く力」です。

これには、ふだんからの意思疎通もあります。わたしは**コミュニケーションには「意味」と「意識」の両方が必要、**とよく話しますが、同じことでも好きな人に言われると進んでやりたいけれども、嫌な人に言われるとやりたくなくなったりしますよね。「意味」が同じでも、そこには「意識」の差があるからです。

同様に、本音を聞き出せるかどうか、というのも、ふだんからの「意識」の共有にかかっているところがあります。「この人なら、本当のことを言っても大丈夫」ということです。いつも偉そうに、権力を振りかざしているような人には本音を言いませんよね。忖度していろいろと気を回す人はいても本音は言わないと思います。

松下幸之助さんは、「リーダーには愛嬌が必要」とおっしゃっていましたが、愛嬌のある気さくさが必要です。そして、当然、相手を思いやる気持ちのない人には、本音は話さないと思います。

いずれにしてもふだんから、あいさつするとか、馬鹿話をする、ときには飲みにいくなどの「意識」の共有が必要です。そうでないと必要な「意味」は得られません。

余談ですが、聞くということに関して、わたしの講演などでも、ときどき、寝ている人がいます。もちろん、話し手の力不足なのですが、わざわざ何しに来たのか、と思ってしまうのも事実です。かといって、うんうんとうなずきながら熱心に聴いている人が本当に分かっているかどうかはまた別のことで、本質をつかんで聞いてくれている人は案外少ないのかもしれません。

これは本を読む場合も同じでしょう。わたしは、ときどき部下やコンサルタント養成講座などの受講生に、読んだ本の中身を簡単に話してください、と言うことがありますが、結構多くの人がポイントを話せません。つまり、本当には理解していないのです。そういうことでは、実際のビジネスにも活かせませんし、行動も結果も変わりません。

聞いたつもり、分かったつもりにすぎないかどうかは、

行動やものの見方に何らかの実際の変化があったかどうかで分かります。少なくともそれを自分の言葉で話せるかどうかが大切です。

つまり、アウトプットです。アウトプットできるかどうかで理解度が分かります。

２　会う

専門的なことは、その道の専門家に聞くのがいちばんです。たとえ、本やネット上の記事をたくさん書いている人だとしても、やはり直接お会いして受け取れる情報量は、書籍の何冊分にも匹敵します。また、たいていはお会いしてはじめて、意外な情報をもっていらっしゃることを知るものです。

先ほど、コミュニケーションには「意味」と「意識」の両方が必要だと述べましたが、**教えることと伝えることは違う、リーダーは理屈を教えるだけでなく、心意気や意識を伝えなければならない、**のです。逆に言えば、相手の心意気や気持ち、人情の機微などは、直接お会いしないと分かりません。そして、**お会いした人からしか教われない**ことはたくさんあるのです（ですから、人と会うのが億劫だ、初対面が苦手だという人は、それを克服しなければなりませんね）。

「はじめに」で話したモンゴルのバータルサイハンさんがわたしに直接会いにこられたのも、その辺のところを心得ておられたからかもしれません。


優れたリーダーはみな、積極的に新しい人と会っています。新しい人と会うことこそリーダーの仕事だとも言えます。


若いころ、岡本行夫さんという、のちに二度の首相補佐官（橋本内閣・小泉内閣）など、政財官界のさまざまな要職を歴任している外交のプロのもとでしばらく働いていたことがありますが、その岡本さんのすごさの秘密は、とにかく人に会うことでした。

岡本さんにとってはランチもディナーも、ほとんどが人と会う場となっていました。朝食も人と会われることが少なくありません。わたしが岡本さんのもとで働いていたときも、一晩にディナーを二回とったこともありました。

そこまでして、限られた時間で、できるだけ多くの人と会おうとしていたのです。義理堅いということと、また、多くの人が岡本さんと会いたいと望むということもありますが。岡本さんからは「人に会って損することはない」ということを教えていただきました。

そして、人と会う場合、できるだけ**ジャンルの異なる人と会う**ことをお勧めします。現在の自分の仕事には直接関係のない人です。そのほうがかえってビジネスマンとしての自分の成長や発想、具体的なチャンスにつながることが多いものです。

それと、あまり損得だけを考えずに会うことです。損得ばかりを考えている人は、やはり人間が小さいのです。

結果として仕事上は何のメリットもなかったとしても、いろいろな人と出会って、いろいろな経験を聞いて、「こんな人がいるんだ」という驚きに日々、出会うこと、わたしはそれこそ、人生の喜びそのものだと思っています（常にこの人からは何が得られるのだろうか、と損得だけ、ビジネスだけで、人とおつきあいする人生なんて、味気ないものですよね）。

3 新聞・雑誌・本・テレビ・ネットを読む

情報収集の方法として、ここまで、「聞く」「会う」と、要するに、「人」から情報を得ることが大切だというお話をしてきました。しかしながら、聞く内容と人を選ぶのにも、その内容を理解するにも、評価・判断するにも、ネットなどによる予習の情報が必要でしょう。

さらには、直接会ってお話を聞くにも限界がありますから、当然、本や雑誌、新聞、テレビや、いまの時代ではネットからの情報も必要になります。そして、それらを十分に読みこなさなければならないのですが、

前提として、その情報についての①基礎的な知識と②基本的な情報をもっている必要があります。

それらがないと、そもそも書いてあることの内容や本質を理解することもできません。

ここまで述べた、専門家などに会うときにも同様に、基礎的な知識と基本的な情報が必要

なことは言うまでもありません。

そもそも、**基礎的な知識**というのは、たとえば、GDPの定義や会計の基礎知識など。一回勉強すれば一生使える基本的な枠組みです。では、いまの日本の名目GDPは？　トヨタ自動車の売上は？となると、これは、**基本的な情報**です。こちらは、コンスタントに学んで、情報をアップデートしていかないといけないものです。

そして、これらをどこから得るかといったら、基礎的な知識は圧倒的に本で学ぶのが効率的です。もちろん、講座に通っても得られますが、本ならどこにいても学べます。基本的な情報に関しては、本のほかに、新聞、雑誌、テレビ、ネットから得られます。

ただ、ここで注意しなければいけないのは、こうした情報源の信頼性です。とくにネットには注意が必要です。「フェイクニュース」も横行する時代です。わたしは、サイトと署名記事のその筆者で判断しています。わたしが信頼できるサイトといったらいまのところ、新聞社系のサイトですね。わたしも長年連載している日経ビジネスオンラインなどの雑誌系のサイトも信用度が高いと言えますが、誰が書いているかにも注意が必要です。

ただ、新聞社でもいまは政府の提灯記事もありますし、ガセネタもあります。それは、紙のほうがそうなのですから、すべてを鵜呑みにすることはできません。芸能人や政治家の不倫記事のようなものならどうでもいいですが、経営の意思決定に影響を与える情報については、リーダーたるもの、それが信頼できるものかどうかを見極める力が問われます。

では、どうやって見極める目を養っていったらいいのでしょうか？

残念ながら、「一瞬で身につく秘密の方法」はありません。**日頃からできるだけ多くの人や情報に触れながら、見る目を養っていくしかありません。**

いろいろなところで書いているように、わたしは、ふだんは日経新聞と読売新聞を読みますが、月の半分ほどは乗っている新幹線の中では、朝日新聞と産経新聞を読みます。毎週のように行っている大阪のホテルでは朝食時に、毎日新聞を読みます。それとかばんにはたいてい「ニューズウィーク日本版」を入れています。

よく朝日は読まないとか、産経は絶対読まないという人がいますが、そのようにしていると偏りが出てきます。別に信じる必要はないわけです。なるほど、こういう見方もあるんだ、でも、自分としてはそうは思わないな、と考えながら読めばいいわけですから。

たとえば、産経新聞を読んでいると、中国軍が尖閣の近くで軍事行動をしていることになっているけれど、朝日新聞にはそんな記事は絶対に出てきません。読み比べてみると、実におもしろい。**いろいろな意見に触れることによって真実を見る目と思考の広さを訓練することができます。**

ネットのフェイクニュースにしても、はじめて触れるとつい信じてしまいがちですが、始終触れていれば騙されません。免疫ができるとも言えます。

これは、書籍も同様で、本になっているからといって、必ずしも正しい情報かどうかは分かりません。出版社と著者によって判断するしかありません。同様にきちんとした学者であったとしても、たとえば、経済学で言えば、リフレ推進派と反対派がいます。スティグリッツとグリーンスパンがいます。双方の意見を知っておくべきです。

なぜなら、リーダーがものを決めるときというのは、常にそうした多様な意見、一見矛盾する情報の中で、判断しなければならないものだからです。

自分に都合の悪い情報が来ない状態になってしまったとき、ひとつの情報、同質の情報しか入ってこなくなったとき、経営者は失敗し、権力者は失脚します。

以前、鐘紡のトップだった伊藤淳二会長の近くで働いていた方の話を聞いたことがありましたが、同社が破綻する直前には、会長の取り巻き連中が、会長の耳に入れたくない情報を持ってくる人をすべてシャットアウトしていたそうです。あれだけ優秀と言われた経営者でもそうなってしまうのです。とくにちやほやされはじめたら注意が必要ですね。

価値観と問題意識がなければ、情報があっても見えない、聞こえない

以上、リーダーに求められる力②情報収集力について、次の3つの方法を述べました。

1　聞き出す

2　人に会う

3　メディアや本を読む

最後に、重要なことをお話しします。

それは、価値観と問題意識です。

限られた時間のなかで情報を得ていくためには、

まず、自分自身の軸があることが必要です。


すなわち、45ページにも書いたように、人としての**価値観**です。考え方のベースです。

たとえば、自分だけ、自分の会社だけ儲かればいいという価値観なのか、持続可能な社会に貢献する事業を行っていこう、という価値観なのか。部下を育てともに成長していくことを大切にするのか。

そして、そのためには、何が必要なのか？


そこから、問題意識が生まれます。

会社を良くしようとか、新規事業、イノベーションのために何をしようか、部下をいかに成長させるか、事業を通じていかに地域社会や社会全体に貢献するかというような問題意識、言葉を換えれば、**興味、関心がないとしたら、どんなにいい話を聴いても、何も聞こえてきません。どんなに素晴らしい人に会っても、何も感じません。そもそも会ってもらえないかもしれません。**

対して、関心があることについては、どんどん深く聞いていくこと、調べていくこと、いろいろな人に会っていくことが自然にできるでしょう。

ところで、わたしの経験ですが、若いころに、アメリカのビジネススクール（ダートマス大学タック経営大学院）に二年間通っていました。

「一週間で千ページは読まないといけない」と脅されて入学しましたが、何のことはない、千ページどころか、週によっては二千ページほど読まなければならないときもありました（関連する本や論文、ケースなどを読んで予習することをreading assignmentといいます）。

こんなものアメリカ人だって十分には読めません。ましてや英語がネイティブでない人には無理です。しかし、読まなければ授業についていけませんし、わたしが通ったような小さな学校では、先生からあてられたり、抜き打ちテストもありますから、読まないわけにはいかないのです。

そうしたときには、目次や見出しを見て、そして、要約などを読む。それに、本文は太字で書いてあるところやその前後だけを読むなどして、概略だけは頭に入れておくわけです。「必要は発明の母」で、どうしてもやらなければならないと思うと、要点だけでも頭に入るものです。関心や必要ということも、情報を頭に入れるにはとても大事なことなのです。

いまでも、業界団体の講演などで、すごく専門的な情報が必要なときもありますが、お借りした専門書などで、必要なところを拾い読みするのは、アメリカでの経験が役に立っているのか、比較的得意です。

観察力

ここまで、「決断力」と「情報収集力」を挙げてきましたが、双方に密接に関わる能力として、「観察力」も挙げておきたいと思います。要するに、「ものを見る目」です。優れたリーダーを評して、わたしたちはよく「あの人は、ものを見る目がある」と言います。では、その「ものを見る目」とは、具体的には、どういうものなのでしょうか？　そこをはっきりさせないと磨いていこうにもいけません。

わたしは、「ものを見る目」、すなわち「観察力」には、次の二つの要因があると思っています。

1　正確にものを見る専門性

2　多様な視点からありのままを見る客観性

具体的にお話ししましょう。

1　正確にものを見る専門性

たとえば、自社の製品を他社の製品と比較して、今後の戦略を立てよう、となったとき、当然、その製品についての専門性がなければ比較しようがありませんね。

わたしはときどきクライアントの方々をお連れして、工場見学に行くことがあります。けれども、まったく製造業について素人の方々をお連れして、どうでした?と伺っても、返ってくる答えは十中八九、「おもしろかった」だけです。これが、たとえば自動車部品工場に、近い業種の方をお連れすれば、「第一工程から第二工程まではほとんど人が介入していませんね」などといった反応があります。

つまり、ある程度の専門性があってはじめて、物事の判断に必要な情報を観察によって得ることができるのです。

それでは、自分の専門以外のことは観察できないのか、というと、そんなことはありません。たとえば、ケミカル系の工場に勤める人が自動車部品工場に行ったら、「ずいぶんやかましいんですね」と驚くことになります。ケミカル系の工場はたいていそれほどやかましくはありませんが、自動車部品工場では、ガッチャンガッチャンとプレスの音が始終響いているものですから。

つまり、何であれ、

専門性があって、自分なりの基準をもっていれば、その基準に照らし合わせて、物事を細かく見ていくことができるのです。

2 多様な視点からありのままを見る客観性

しかし、ここで気をつけなければいけないことがあります。今度は、**その「基準」が、**

先入観やバイアスとなって、物事を客観的に見ることを妨げてしまうことが往々にしてあるからです。

たとえば他社の製品を見たとき、「あんなの大したことない」とか、反対に「あそこはいつもすごいな」などとつい口にしてしまっていませんか？　ライバルの製品、業界で有名な人が手がけた製品等々、わたしたちがもの見るときには、必ず何らかのバイアスがかかります。

先日もこういうことがありました。あるところで、老舗テーラーの社長さんとお会いしたのです。明るい方でしたが、わたしのスーツを見て、あまり良い評価をしませんでした。「セビル・ローなど時代遅れ」とおっしゃって。

事情を説明するために、少し自慢して申し訳ないのですが、わたしはスーツを、非常勤の役員をしている会社でつくっています。安くしていただけるということもあるのですが、ブリティッシュトラッドのデザインも好きなのです。そのブランドはハンツマンといい、英国ロンドンのセビル・ロー（背広の語源となった通りの名前）にある英国王室御用達のビスポークのものです。アラブの王族などもそこのお客さまです。

もちろん、わたしのスーツはそのライセンス品で日本でつくられたものですが、百貨店で買えばそこそこの値段はします。お会いした社長のテーラーもある程度の歴史のあるところですが、ハンツマンやわたしが役員をしている会社（125年近くの歴史がある）に比べれば、足元にも及びません。おそらく、それらが悔しかったのでしょう。それが「セビル・ローなど時代遅れ」という言葉となったのだと思います。

その言葉を聞いて、わたしはこの会社はそれほどうまくいっていないのだろうと思いました。たくさんの社長を見てきましたので、本当にうまくいっている人はそのような発言をしないことを知っているからです。

さて、わたしたちは、**グレーの部分を無視して白黒決めたり、1か0かで判断しがち**です。けれども、すべてのものには、いいところもあれば悪いところもある。1と0の間には0・33もあれば、0・75もあるわけで、これを切り上げ、切り捨てして1か0にしてしまっては、正確に見ていることになりません。

すなわち、「観察力」には、

いわゆる色眼鏡を外して、ありのままに見る素直さが必要です。

といっても、では、どうしたらいいの？　素直に見ろと言われても、困りますね。

そこでわたしが具体的にお勧めするのは、「分かった！」と思ったら、そこであと一歩進んで、「**別の見方はないかな？**」と考えてみることです。多くの場合、専門性によって「見えた！」と思った瞬間、そこで思考が停止してしまうからです。そこで、「**でも、もっと見えるものがあるんじゃないかな**」と、違う角度から見るようにするのです。

このことについて、松下幸之助さんは、こうおっしゃっています。

「**ひとつの視点に固執するからものが見えない**」

わたしたちはともすれば、既存の視点、楽な視点に身を置きたくなるものです。そこを自分でいかに戒めるか。「自由自在」とはそういう意味だと思います。いろいろな視点でものを見ることができる人には、行き詰まりはありません。

現場力

リーダーとして、大きな部署や組織を率いるようになると、次第に部下たちが行っている現場の仕事から離れていかざるをえなくなります。けれども、リーダーは、それでも現場に精通している必要があります。

Management by walking aroundという言葉がアメリカのマネジメント書で流行ったことがありましたが、実際、本田宗一郎さんは、昔よく、ぷらっと工場を見にきて、現場でいろいろ指示していたそうです。松下幸之助さんも、工場の現場へ行ってよく見ていたといいます。

上の地位に行けば行くほど、現場を知っていることは、とても大事になります。もちろん、製造現場だけでなく、お店などの販売の現場もありますし、事務作業の現場もあります。

部下の仕事に逃げ込むな

ただ、ここで注意しておきたいのは、だからといって、**部下の仕事に逃げ込んではいけない**、ということです。ほとんどの人が、部下の仕事を通過してきて偉くなってきているわけですから、部下の仕事は人一倍できるはずです。そこで、自分のほうができるからといって、自分でやって、ある程度のパフォーマンスを出せたとしても、では、上司の仕事は誰がするんですか？ということです。現場力は大事、現場を見る力は大事だけれど、上司は上司の仕事をしないといけないわけです。

先にも話した経営コンサルタントの大先輩の一倉定先生の有名な言葉があります。

ダメな会社というのは、社長が部長の仕事をしている。部長が課長の仕事をしている。課長は係長の仕事をして、係長は平社員の仕事をしている。そして、平社員は……。

平社員は何をしていると思いますか？

そう、会社の将来を憂えているのです。

現場の人とは夢を語れ

よく、現場の部下と危機感を共有しようとするリーダーがいます。中小企業の社長の中には、そのために、業績が悪いときには社員の給料を下げたりする人もいます。もちろん、相手が経営幹部ならそうすべきでしょう。危機感を共有すべきだと思います。

ただ、現場のスタッフとまでそうするのはどうなのでしょう?

もちろん、中には、危機感を共有し、奮起してくれる社員もいるでしょう。でも、多くの場合、現場の社員は、ただ不安になるだけです。いまのご時世、転職を考える社員もいるでしょう。危機感をあおられたら、優秀な人ほどそうです。そして、ますますパフォーマンスが落ちます。悪循環です。

経営者が危機感をもつのはいいことですが、社内の隅々まで危機感を共有しようなんて思わないほうがいいと思います。

現場の人と共有していいのは、危機感ではなくて、「夢」です。

もちろん経営者のもっている夢と現場の人がもっている夢は必ずしも同じではないでしょう。それでも、この会社で働いて、いい仕事をすれば、自分の夢も実現できる。そういう夢をこそ共有すべきだとわたしは思います。

わたしはよく、リーダーは「理念」「現場」「夢」の3つを語らなければならないとお話をします。以前そのことをある社長にお話ししたら、「自分は、このところ理念と現場しか語っていなかった。だから社員が堅苦しくなってしまっていた。これからは小宮さんの言うように夢も語るようにする」とおっしゃいました。ほどなく、その会社は東証一部に上場しました。

実行力

戦略より実行

わたしたちは——とくに頭のいい人に限って——頭で考えついたことはすべてできるはずだ、と考えがちです。官僚や戦略系コンサルタントと呼ばれる人たちに多いですね。「決めたことがなぜできないのか！」と。「僕、決める人、あなた、やる人」、結果が出ないのは、決めたようにやらないあなたが悪いのだと言わんばかりです。

けれども、本当は、正しい戦略を立てることは、さほどむずかしいことではありません。正しい情報と正しい方法を知っていれば、誰にでもできます。他社の戦略を見ていても参考になるはずです。それこそ、今後はＡＩがもっとも得意とする分野かもしれません。

むずかしいのは、実行です。さらに言えば、人に実行させることです。

そして、言うまでもなく、リーダーに求められるのは、机上の素晴らしい戦略、プランではなく、素晴らしい結果です。その結果は、当然、ひとりで出せるものではありません。メンバーが動いてこそ、です。だから、

リーダーに求められる実行力とは、メンバーに実行させ、組織としての結果を出す力です。

孔子も、最初は、人の言っていることを聴いて立派な人かどうかを判断していたが、その後、言っていることとやっていることの両方を見て、その人が立派な人かどうかを判断するようになった、と言っています。やはり、人は、その行いによって判断されるのです。

先頭に立つ

しかし、ひとりでも部下、あるいは、生徒、子どもをもったことがある方ならお分かりのように、人を動かす——アメやムチではなく、本人がその気になって率先して動くよう

にする――のは、本当にむずかしい。どうしたらいいのでしょうか？
そのために必要なのは、

まず、自分が先頭に立つことです。

もちろん、だからといって全部自分でやってしまおうとしてはいけませんし、やれるわけでもありません。全部やれるならもともと部下も不要です。そうではなく、大事なこと、困難なこと、リスクの高いことは、自分が先頭に立ち、矢面に立って行うことです。それが大切なのです。

部下に厳しいことを言えますか？

もうひとつは、「**ときには厳しいことを言ってでも、絶対にやらせると決めている**」ことです。実際に多くの管理職の方とお会いしてよく感じるのは、はたして、この人は、部下に本気で何がなんでもやらせようとしているのだろうか、ということです。

こんなことを言うと、この子、かわいそうだとか、こんなことを言うと、自分が恨まれるんじゃないか、そんな気持ちがある限り、部下に上司の「本気」は伝わりません。

ひょっとしたら、自分は優しい上司だと思われていたいのかもしれませんが、優しささえ伝わらない。当たり前です。それは、優しさでも何でもない、ただの「甘さ」ですから。

リーダーがもつ甘さと優しさは違います。

甘さというのは、ただのその場しのぎ。自分がいい人でいたいだけ、責任をとりたくないだけのその場しのぎです。

これに対し、リーダーがもつ優しさというのは、中長期的に組織全体、それに関わる人たちを幸せにすると決めていること、それを信念にしているということです。信念があればこそ、厳しいことも言えます。言えないのは、信念がないからです。

優しさの裏側は厳しさです。では、甘さの裏側は？
冷酷さです。甘いことをやっていたら、誰も幸せにできず、結果も出ませんから。

リーダーに求められる力❻

目標設定力

部署ごとに目標を設定しようという場合、いつも低めに無難な目標を立てるリーダーと、高い目標を掲げるリーダーがいることにお気づきですか。もちろん、本当のリーダーは、後者です。

無難なゴールというのは、要するに、いまの状況でこのままいけば、このようになります、というもの。たいてい前年比十%増とか、そんな数字で表されます。中には前年比マイナスの目標を立てる人もいます。でも、そんなの、計画でも何でもない。ただの成り行き、状況分析です。新入社員だってできます。

そうではなくて、「いまの状況はこうなので、このまま行けばこうなる、でも、こういう施策をしますので、ここまで売上げと利益を伸ばします。だからみなさんも協力してください」と言うのがリーダーです。

いつも言いますが、「散歩のついでに富士山に登った人はいない」んです。ここまで行こう、登ろうと思っている人（のうちの何人か）だけが頂上に至るのです。

これについては、ソフトバンクの孫さんの有名な逸話がありますね。ひとりでソフトウエアの売買の会社を始めたときのことです。アルバイトを二人雇って、リンゴ箱の上に乗って演説をしたそうです。「うちの会社は将来、豆腐を一丁、二丁と勘定するように、一兆円、二兆円の単位で商売する」と。で、それを聞いたアルバイトが、この人、変だと恐ろしくなって逃げ出しちゃったとか。

でも、実際は、いまや売上九兆円の会社です。

高い目標をもつ。
そして、それを具体化する方法を考えている。

それが、リーダーにとって、とても大事だと思います。

数値化された高い目標と具体的な戦略

ただ、その具体的な方法がどう考えても困難なものだったり、同じ行動の延長で改善を積み上げていくだけだったりすることがよくあります。それで、たとえば特別な施策もなく、数字だけ五割増しの目標を立てたとしても、実現可能性はきわめて低い。

それは、目標ではなくて、希望。ピーター・ドラッカーの言葉を借りれば、単なる夢だからです。方法の具体化が必要なのです。当然のことながら、目標自体の具体化も必要です。

目標は、具体化しない限り、夢に終わります。

先日、ある企業であったことです。「業界最高水準を目指す」と社長がおっしゃったので、注意させていただきました。コンテストでもあって、そこで優秀賞を獲得することが業界最高水準の証になるというのならともかく、これでは結果を評価できません。結果を評価できないものは、目標にはなり得ません。

すなわち、

具体化とは、MEASURABLE、測定可能な状態にすることです。

もっとも分かりやすいのが、数値化することですが、数字ではどうしても表せない質的なものもあります。それも何らかの形で、測定、評価できるようにしておくことが重要です。「業界最高水準」もその結果として「シェア○○%」や「売上業界1位」なら目標となります。

たとえば、わたしは、個人の人生の目標を「なれる最高の自分になる」ことだと言っていますが、アウトプットとして何をするのが、なれる最高の自分なのか、というと、よく分かりませんね。その場合、たとえば、２０１８年度の『小宮一慶のビジネスマン手帳』(毎年年度版をディスカヴァーから出していただいています）では、「なれる最高の自分を意識しながら、今年一年間での、なれる最高の自分を具体的に、この手帳で落とし込んでください」として、書き込むスペースを用意しています。

本を何冊読む、書く、何の資格をとる、英単語をいくつ覚える、といったことでも良いと思います。とにかく具体化、数値化です。

プロフェッショナルな仕事に努力賞はない、インプットばかりして頑張っている自分に酔いしれていても、結果でしか評価はされませんが、ただ、結果が出るためのプロセスは当然必要です。アウトプットから考えたプロセスを具体化しておく必要があるのです。

部下からの信用が決め手

もうひとつ重要なのは、「このリーダーが言う目標だから、達成する」と、部下に信じてもらえるかどうか、ということです。高い目標をやり遂げようとする場合、部下が本気でそれに向かってくれないとダメですから。

「信」という言葉は「人」の「言（ことば）」と書きますが、**言ったことを守る人**でないと、信頼は得られないのです。つまり、リーダーは言ったことを守る。そうでないと、いざというとき人はついてきません。

飲み会をしようと言ったら必ずする、ボーナスを増やしますと言ったら必ず増やす……

小さなことでも言ったことはすべて守る。そうしないと、大事なことも、どうせ口先だけだと思われてしまいます。高い目標を掲げたところで、口で言ってるだけだからと、誰もついてこないというわけです。

わたしが好きな論語の中の言葉に、「民はこれを由らしむべし、知らしむべからず」というものがあります。「人びとに頼りにされないといけない、教えるのはむずかしいものだから」と、わたしは解釈しています。

つまり、すべての部下たちに、完全に物事を理解してもらうのは現実にはむずかしい場合も多い。でも、このリーダーが言っていることだから信じてついていこう、と思ってもらえるかどうか。それが、とても大事だということです。

そして、その大前提として、ふだんから、言ったことを守る、設定した目標は必ずクリアする、ということがあるのです。そうしておかないと、部下たちは信用してくれません。

ただ、繰り返しますが、あまり低い目標を立てる上司は、部下たちにとっては楽ですから一見歓迎されているように見えますが、でも、内心、信用されていません。達成して当たり前の目標を掲げるようなリーダーは、信用されないのです。

つまり、リーダーに必要な目標設定力とは、

具体的な施策のもと、
頑張って頑張って、頑張ったら達成できるような目標を設定する力です。

ストレッチ目標とベストパフォーマンス

ベストパフォーマンスが出ればやれる、そのギリギリの限界点をいかに見つけるか？

このことについてまず思い出すのは、日本女子のシンクロナイズド・スイミングの井村昌代コーチです（わたしの高校の先輩にもあたります！）。オリンピック代表に選ばれたあとの強化合宿で、選手たちは本当にもう死んじゃうんじゃないかと思うくらいのギリギリの限界まで、鬼の井村コーチにしぼられるそうです。それはもう、二度と体験したくないほどに辛いんだけれど、だからこそギリギリで出せる力がある。その限界値を知っている

からこそ、井村コーチは選手たちに信頼されていた、というわけです。

日本のラグビーをワールドカップで大活躍させたエディー・ジョーンズ監督のやり方も同じです。限界まで練習させる。ワールドカップ後、選手たちに、もう二度とあの練習をしたくないとまで言わせたほどの練習をしたのです。一流選手たちを限界まで追い込むことで、世界を驚かせた結果を出したのです。リーダーとはそういうものです。

ビジネスで、これに似たものとしては、GEや日産の**ストレッチ目標**が知られています。**外部環境と内部環境がベストなときに、どれだけの売上利益を達成できるか**というものです。ここで、外部環境とは自分たちでコントロールできないこと、内部環境は自分たちでコントロールできることを指します。

GEの場合、外部環境要因で売上利益が上がっても褒賞しないし、一方、下がっても責任者の責任は問わない。でも、内部環境要因でうまくいかなかったときは、それは百％の責任を問います。

たとえば分かりやすい例で言うと（GEではありませんが）、ビール事業を任されている人がいるとします。実は、ビールというのは気温によって売上が大きく変動します。一度違うだけで何%も売上が変わってくる商品です。だから、冷夏による売上げ低下の責任は問わない。けれども、シェア拡大に向けて予定していた工場が稼働しませんでしたとか、営業拠点を出せませんでしたなどということに関しては、責任者の責任。これがストレッチ目標というものです。

とはいえ、外部環境も内部環境も理解したうえで、自分たちのベストパフォーマンスはこれだな、ということが分かるのがリーダーだとわたしは思っています(ちなみに、どういう状況がベストの外部環境や内部環境かを決めるのもなかなかむずかしいのですが、そのすり合わせを行う過程で、経営者や本部部門と事業を預かる人たちとのコミュニケーションが図られるというメリットもあります)。

ところで、ここで注目していただきたいもう一点は、

外部環境要因で売上げが上がっても褒賞しない

という点です。景気がいいときに儲かったからといっても、それは実力ではありません。そう思っていないと、あとで痛い思いをします（朝鮮戦争や冷戦という「外部環境」によって高度経済成長してきた日本については、どうなのでしょう。いまも比較的景気はいいですが、これも米国や欧州の経済が比較的安定し、さらには訪日客の消費が日本経済を底支えしている面が大きいとわたしは分析していますが、この先は少し心配ですね）。

外部環境が良くて、過去最高益が出たような場合は、**シェアを拡大したか**どうかを確認することが重要でしょう。つまり、同じように外部環境の追い風を受けている中、他社より伸びたかどうかです。それも加味した目標設定が必要です。

リーダーに求められる力❼

教える力・伝える力

リーダーには、「教える力」と「伝える力」の双方が必要です。

では、教える力と伝える力では、どう違うのか?ということで言えば、ひとことで言えば、**教えることができないことを「伝える」のが「伝える力」**です。たとえば、知識や技術は、教えることができます(もちろん、そうしたことを「教える力」も重要です)。

でも、気持ちについてはどうでしょう?　これは、教えることはできません。気持ちは、伝えるものだからです。

そして、気持ちが伝わったとき、はじめて人は動きます。先にコミュニケーションは「意味」と「意識」の両方が必要と言ったのと同じことです。

人の心を動かすのは、理屈ではない。気持ちです。

それを伝える力がリーダーには必要なのです。

松下幸之助さんが、「ひとかどの人の言葉は、一瞬で人の胸を刺す」と言っているように、部下の胸を刺すような言葉を出せるかどうか、それが重要です。


では、どうしたら、そのような言葉を発することができるのでしょうか？

これについては、わたしは、やっぱり**自分で本当に信じていることだけが伝わる**のだと思っています。口先で言っているだけのことは伝わらない。頭で理解しているだけのことは伝わらない。信じて自然に行動に表れていることしか伝わらないのです。

ティーチャーとリーダー

教える力と伝える力。これは、ティーチャーとリーダーの違いだと言ってもいいでしょう。頭の良い人によくありますね。確かに優秀なんだけれど、人がついてこない。そういう人は、理屈で人が動くと思っているのでしょう。理屈で人が動くと思っている人はティーチャーなのです。

でも、たとえば、ティーチャー（タイプの人）がわたしの講演を聞いて、次の朝礼で、「お客さんを大切にしよう。お名前はさん付けしましょう」などと言ったとします。「そうすると会社が良くなります」と。では、そのとき部下たちはどう思っているのでしょう？

そう、「おまえこそ頑張れよ」です。先頭に立つ覚悟のないリーダーを部下は冷ややかに見ているのです。

ティーチャーとリーダーの違いというのは、ティーチャーは、相手と向かい合う。つまり、百八十度違う方向、まさに真逆を向いているわけです。これに対して、リーダーは先頭を行く、つまり同じ方向を向いて、先頭に立って行動しているのです。これは、とても大事なことです。

つまり、繰り返しになりますが、

リーダーは自分が信じたことを、先頭に立ってやっているかどうか、です。

だって本当に信じたことなら、やるじゃないですか。逆に、やろうと思わないようなことは、本心から本気で信じていることではないのです。

そして、あなたが先頭に立って行えば伝わるかもしれません。

「かもしれない」じゃ困るですって？

でも、それで百％伝わるというほど、世の中甘くはありません。でも、それをしない限り、伝わることは絶対にないのです。

リーダーに求められる力❽

褒める力・叱る力

褒めるとおだてるは違う

褒めて育てる、というフレーズが流行しているようですが、ビジネスの場では、それは、おだててやらせることになっているような場合も少なくないように思えます。

褒めるとおだてるとは違います。

褒めることの前提には、人の長所を活かす、という考え方があります。そのためにはまず、その長所を見いだせないといけませんね。そして、本当に人の長所を見いだせる人というのは、**人を心から褒めることができる**ものなのです。

相手が部下だろうと、ライバルだろうと、上司だろうと、子どもだろうと、自分よりできるなとジェラシーを感じることもなく、かといって褒めてやる気にさせようという気もなく、**純粋に、こいつ、すごいな、と思え、それを伝える。それが、人を褒めるということ**であり、それができるのが、人を使える人なのです。

かつて中日ドラゴンズの名監督だった星野監督。彼は監督時代、**「減点主義より得点主義」**と言っていました。一人ひとりの選手のいいところを見つけてそこを使っていくことでしかチーム力は上がらないことを知っていたのです。

逆に、ダメなことはダメだと言ってやらないといけません。ダメなことまで、「褒めて育てなければ」などと変に気を遣うと、それは「おだてる」こととなります。おだてると、相手は上司を甘く見ます。上司を甘く見るだけなら、それはまあ、しかたがないと言えなくもありませんが、まずいのは、上司だけでなく、仕事も甘く見るようになることです。こんなもんでいいのかと。仕事人としての部下の一生の芽を摘むことにもなります。良いところも悪いところもきちんと言ってやるのが、部下を育てることになるのです。

すごいところは褒める、ダメなところはダメだと言う。

そうやってはじめて、部下の心をつかみ、動かすことができます。

叱ると怒るは違うのか？

褒めて育てると並んでよく耳にするのが、「怒るな、叱れ」という類の教えです。でも、こちらも真剣、命賭けているときに、それに反するようなことがあったら、叱ると怒るを分けて考えるなんて悠長なことは言っていられない、怒って当然です。全体の士気のことを考えて、その社員のことなんかかまわず、怒るべきときもあるでしょう。

実際、松下幸之助さんも烈火のごとく怒りました。あまりの剣幕に、気絶してしまった部長さんの話も伝えられています。その逸話では、倒れた部長が連れ出されたあと、秘書を呼んで、その部長の自宅の電話番号を調べさせ、自分で電話して、出てきた奥さんに「今日は旦那、しょげて帰ってくるから、夜ご飯におちょうしの二本でも三本でも付けておいてやれ」と言ったとか。

同様に、何時間も怒鳴り続けた工場長（後の三洋電機副社長）については、その工場長が自宅に帰ると、松下さんの秘書がいて、奥さんに「今晩、工場長が自殺せえへんかどうか見張っといて、と社長に言われた」と言ったとも。

やはり、成功する人というのはエネルギーレベルが人一倍高いので、怒るときのエネルギーレベルも半端じゃない。でも、その後のフォローもまた、半端ではありません。

怒ってもいい。

それでも、みなはついていきます。人間的な優しさが伝わるからです。

成功者という点では、日本電産の永守さんも、開発者が開発段階でつまらないことで五万円ほどの損を出しても、ものすごく怒るそうです。ただ、それには理由があって、五万円程度のところで失敗を訂正させないと、五億円の損を出すかもしれない。そうしたら、ただではすまない、会社としても、その開発者を処分しないといけない、辞めさせないといけないかもしれない。そうやって、大切な人材をダメにしないためにも、小さなことでも思いっきり怒るんだと、永守さんは述べておられます。そのとおりだと思います。

思っていること、感じていることを素直に表現していますか？

かく言うわたしも実は、ときどき激怒します。だからというわけではないのですが、感情がある程度素直に出る人じゃないと成功しないんじゃないかと思っています。

ただ、松下幸之助さんにしても永守さんにしても、ふだんからの人間関係ができていたから、ストレートに怒ることができたのだとも言えます。あとのフォローで、かえって信頼されたのだと思います。もし、部下の人たちからの信頼感がなく、こいつ、偽者だなんて思われていて、感情にまかせて怒っていたら、あとでどんなフォローをしてもダメでしょうね。

では、その信頼感はどのようにして培われるのか？

それは、ここまで書いてきたように、やると言ったらやる、という実行力、決断力が優れていること、価値観がぶれていないこと、いろいろありますが、人間関係という点では、「意識」が共有されていることだと思います。

先にも述べたように、コミュニケーションとは、**「意味」と「意識」の両方を共有すること**です。たとえば、上司が部下に、営業で毎日十件回ってほしいという「意味」を伝えたとしても、それを思いきり本当にやれるかどうかは、「意識」が共有されているかどうかにかかっています。

ただ、ふだんから「意識」を共有していくにはやはり、互いの思っていることや感じていることがある程度見えることが必要ではないでしょうか。

東洋哲学の大家である安岡正篤先生の本を読んでいると、明治の元勲は、実によく泣いている。何かうまくいったといってはみなで肩を抱き合って泣き、悲しいことがあったといっては泣き……。いまは、そういうことはタブーのように思われているのでしょうか。でも、あまりにも周りを気にしすぎることで、エネルギーが出るのを阻害してしまっているように思います。

リーダーに求められる力⑨

人間観・人生哲学

「力」と言っていいのかどうか分かりませんが、やはり、正しい人生観・価値観をもっているということがとても大事だと思います。稲盛和夫さんのおっしゃるとおり、「ビジネスも人生の一部」なのですから、人生そのものが成功したものでない限り、ビジネスも長期的には成功しません。

では、正しい価値観をもつために、何をしたら良いのか？

わたしがお勧めしているのは、『論語』、『老子』や仏教書などの古典を読み、ある程度普遍的とされる価値観を知り、理解しておくことです。

他の本でも紹介していますが、稲盛和夫さんの有名な「成功の方程式」があります。

「考え方×能力×熱意」

ここで重要なのは、稲盛さん曰く、「**能力と熱意は0点から100点までだけど、考え方は、マイナス100からプラス100まである**」ということです。もちろん熱意も能力も必要なのですが、それらが高ければ高いほど、考え方がマイナス点だと、合計値が大きなマイナスになるという、ある意味、怖いお話でもあります。

リーダーとして、正しい考え方、普遍的な考え方をもち続けることがいかに大切か、そのむずかしさを知っている人ならではの言葉と言えましょう。

そして、もうひとつ重要なのが、人はどういうときに喜んで、どういうときに悲しむのか……人間についての深い理解です。

よく、ビジネスに必要なリソースとして、人・物・金（・情報）と言いますが、わたしはこの言い方は好きではありません。人と物をいっしょにしてほしくない！　松下幸之助さんも、リーダーには「人間観」が必要とおっしゃっています。

リーダーに求められる力⑩

素直さ

リーダーに求められる条件の最後は、やはり、これで締めたいと思います。松下幸之助さんがもっとも大事だとおっしゃっていた資質、「素直さ」です。松下さんは、『素直な心になるために』という本まで出し、朝な夕なに素直になりたい、今日は素直だっただろうか、と毎日反省されていたそうです。

でも、素直さをもちなさい！といきなり言われても困りますね。

そこで、わたしなりの「素直の3ステップ」というのを考えました。

素直の3ステップ

ステップ①人の話を聞く

かたくなな人というのは、相手がどんなに素晴らしいことを言っていたとしても、目の前で全部はじき返してしまいます。だから、人の知恵を活かすことができません。なかなかむずかしいのですが、人の話を素直に謙虚に聞くことがまず最初のステップです。

ステップ②いいなと思ったことでリスクの小さいことはやる

聴いたふりをしているだけの人が結構いますが、あれがいちばん、たちが悪いと言えます。ちゃんと聴いていたかどうかは、聴いたことを何かひとつでも実行するかどうかで分かります。つまり、いいなと思ったことで、リスクの小さいことはやってみる、ということです（ただし、転職や結婚・離婚などリスクの高いことは、他人がいいと言ってもよく考えてから決断、実行するべきであることは言うまでもありません）。

ステップ③結果が出るまでやり続ける

そして、結果が出るまでやり続けます。本当にいいことは死ぬまでやり続けるのです。わたしは、寝る前に日記を書いたあと、松下幸之助さんが書かれた『道をひらく』（ＰＨＰ）を読むようにしていますが、『道をひらく』も日記も一生続けると思います（もう、25年は続いています)。

理想像をもち続ける

ここまで読んで、リーダーに求められる10の力、全部できるわけないじゃないか、と思われた方もいらっしゃるかと思います。そう言う、小宮はどうなんだ!? とか!(笑)
もちろん、わたしも全部できているわけではありません。これは、理想像です。わたしの独断と偏見によるものではありますが、延べ何千人にも及ぶリーダーたちを見てきた中で、実際にうまくいっている人たちに多く見られる条件を組み合わせた、いわば理想のリーダー像です。

「散歩のついでに富士山に登った人はいない」と、先に述べました。その代わり、富士山に登ろうと決めて、計画し、少しずつ実行すればきっとある地点までは至ることができると。つまり、完璧な人間などいませんが、理想像をもち、それに少しでも向かっていくことが重要だと思うのです。

この第1章で挙げた十項目を参考に、あなたの理想のリーダー像をいつもイメージしていてください。そして、少しずつでもいいから、毎日、それを実践する。

「正しい努力」や「正しい考え方」を知ったうえで、「紙一重の積み重ね」をしていけば、きっと結果が出るものです。

わたしがセミナーなどでお教えする実践的なリーダー力向上方法としては、（わたしの挙げた十項目でなくとも）自分なりの理想のリーダーの条件を挙げ、それに五段階評価で自己評価する。そして、それを手帳などに書き、年に一度ずつ見直すという方法です。0・1点ずつでも向上しているかが大切なのです。

第2章

リーダーの8つの勘違い

この章では、リーダーが抱く「勘違い」について説明しましょう。

リーダーの勘違い❶

人は、肩書きで動くと思っている

チームをまとめるために、肩書きをください、と言う人がいます。肩書きがあれば、みなも従うだろうからと。確かに、それは一面正しいです。心理学で、肩書きのことを「権威」といいますが、人は権威に弱い。確かに命令権のある肩書きをもった人には従います。けれども、だからといって本心から従っているかどうかは、また別のことです。

一方、ある部長が言います。部員が、自分ではなく、課長の言うことばかり聞いて困る。いったい俺を何だと思っているんだと。おそらく、部員は、課長のほうを信頼しているのでしょう。

つまり、たしかに肩書きがあれば人を動かすことができるけれど、だからといって、本心から動いているかどうかは、分からない。ましてや、その肩書きをもったあなたが動かしているとは限らない、ということです。

リーダーの勘違い❷

部下に慕われていると思い込む

肩書きと自分を同一視してしまうことから来る勘違い。もうひとつよくあるのが、部下や取引先の人が、個人的に自分を慕ってくれていると思ってしまうことです。

やっかいなのが、男性上司と女性部下の場合。セクハラになりがちです。とくに若い女性は、年上の男性を立てるのが上手なので、中年男性はついその気になりがちですが、それこそ大いなる勘違いです。

基本的に、部下が上司を慕うなどということはない。上司は部下の人事権をもっている、だから部下は上司をちやほやする、それ以上でも以下でもない――そのくらいに思っていてちょうどいいのです。

リーダーの勘違い❸

自分は仕事ができると思い込む

よくありがちなのが、部下と自分を比べて、自分はなんて仕事ができるんだろう、それにひきかえ、こいつらは……というもの。でも、それは当たり前のことであって、部下時代、仕事ができたから、リーダーになっているわけです。リーダーになったら、リーダーの仕事をしないといけない。それは第1章でも述べた判断業務や部下の長所を活かすチーム力の向上です。そちらのほうはどうなんでしょう?という話です。

リーダーとしての仕事ができているかどうかというのは、実績、結果、アウトプット。それ以外に何も評価のしようはありません。若い人には努力賞があってもいいかもしれませんが、プロやリーダーに努力賞なんかありません。努力するなんて当たり前。でも、結果が出なければダメなのです。

リーダーの勘違い❹

和気あいあいの組織を目指す

弱いリーダーが目指しがちなのが、「和気あいあいの組織」です。対立があったり、緊張感があるのを極端に嫌います。

けれども、和気あいあいの組織は、パフォーマンスが出ません。なぜかというと、そういう組織では、いちばんスピードの遅い人に歩く速さを合わせることになるからです。

本来、**正しい組織のあり方は、「切磋琢磨」です。**自分も頑張っているからみんなも頑張ろう！　かれが頑張っているから、みんなも頑張ろう！　そういう組織です。

なぜ、弱いリーダーが、和気あいあいの組織をつくりたがるのか？

それは、切磋琢磨の組織になって、自分が置いてきぼりにされたくないからです。

リーダーの勘違い⑤

公私混同をしても問題ないと思い込む

公私混同をする経営者のもとでは部下は動かない。これははっきりしています。わたしは、オーナー経営者を多く見てきましたが、公私混同をしている社長で立派な会社をつくった人を見たことがありません。

社費で個人用の車や絵画を買ったり、社用車で別荘に行ったり……公私混同をしがちなのは、やはりオーナー経営者ですが（公務員や政治家も!?）、サラリーマン経営者や部長、課長クラスでも、知らないうちに公私混同をしていることがあります。地位が上がれば上がるほど、裁量権が増えます。そこでつい、個人的な飲食を接待交際費で落としたり、同窓生からの依頼で不要なアルバイトを雇ったり……。

ところが、こうしたささいなことも、部下の人たちはとてもよく見ているのです。そして、やる気を失います。だから、公私混同は絶対にダメなのです。

成功している人も会社も、公私混同をしません。逆に言えば、公私混同をしないから、会社が良くなり、利益が増え、高い給料をとれているのです。

そして、少しでも疑義のあるものは自分のお金で払う。公私混同して、チームのパフォーマンスが悪くなり、給与も上げられないから余計に公私混同をするという悪循環に陥らないことが大切なのです。

では、どこまでが公私混同か？ということですが、これについてはわたしはひとつの基準をもっています。それは、**部下が同じことをやっても許せるか**どうか、です。

さて、あなたがいま、これは公私混同かどうかと迷っていることは、それを部下がやっても許せますか？

リーダーの勘違い❻

守りに入る

働き方改革の名のもとに、いまは、リーダーが率先して私生活とのバランスのとれた働き方をしなければいけない、と思い込んでいる若いリーダーがいます。もちろん、結果さえ出せるのであれば、それでいいでしょう。ただ、一般に言えるのは、成功するリーダーはおしなべてハードワーカーだということです。

もちろん、だからといって、そうしたリーダーは、わたしと同じように働きなさい、ついてきなさい、というわけではない。ただ、結果に向けて、一生懸命やっているだけ。そして十分なパフォーマンスを出す。部下はその背中から学ぶというわけです。

変にもの分かりのいい上司というのは、たいていゴールを低く設定します。無理を嫌い、リスクを恐れます。そして、部下のチャレンジを嫌がります。要するに保身の人なのです。

でも、そういう人だってリーダーになったわけですから、その過程では、きっとリスクをとって頑張ったのでしょう。そのときは、別にリーダーになることを目的としていたわけではなかったかもしれません。ただ一生懸命だったはずです。

ところが、リーダーになってしまうと、その立場や報酬を手放したくなくなる。失敗を恐れるようになる。つまり、守りに入ってしまうのです。その結果、変にもの分かりのいい、一見「バランスのとれた」差しさわりのない人になってしまうわけです。

何度も言いますが、それで結果が出ているのなら、大いに結構です。「低い」ゴールを軽く上回る高い結果が出ているのなら。そうでなければ、「最大の〈守り〉は〈攻撃〉である」というゲームの鉄則を思い出すべきです。

リーダーの勘違い❼

自分を偉い、賢い、と思い込む

社内で地位が上がるにしたがって、人事権、評価権など、実際に部下を動かす権限が増えてきます。社外に対しても、取引先を決める決定権をもつようになるでしょう。すると、部下や取引先などは、当然、ご機嫌をとろうとします。そうでなくても、一応、上司として尊重しようとするでしょう。もちろん、ただ、その肩書きを尊重しているだけです。十分に分かっています。分かっているつもりなのに、あまりにも、周りがぺこぺこするのに慣れてしまうと、つい勘違いしてしまうのです。まるで自分自身が偉いような気がしてきてしまうのです。

課長ぐらいのときは、謙虚で、誰にも分け隔てなく接していた人が、取締役になるころには、すっかり偉そうで嫌な人間になっている、というのは、よくあることです。「実るほど頭を垂れる稲穂かな」――これは案外むずかしい。
わたしの旧友にもいました。許認可権のある省庁のキャリア官僚だったので、若いころから業者の結構偉い人にぺこぺこされていた。でも、「あれは椅子に頭を下げているだけなんだよ」と、よくわきまえていたものでしたが……やがて、課長となり、審議官となるころには、完全に勘違いしてしまっていました。

わたしだって、仕事柄、「先生、先生」と呼ばれ、ちやほやされる、ふだん食べられないような豪華な食事で接待される……こんなことを毎日やっていたら、人間ダメになるな、と身を引き締めないといけない日々です。
頭では分かっていても、よほど気をつけていないと勘違いしてしまうのです。ゆめゆめ、肩書きと自分を同一視しないように。

リーダーの勘違い❽

退職後も特別扱いされるのが当然だと思っている

前項でもお話ししましたが、肩書きのせいで周りがちやほやしたり、特別扱いしたりしているだけなのに、まるで自分自身が偉い存在であるかのように勘違いしてしまうと、その肩書きがなくなったあとも、自分には権限や人望があるものと思い込み、若い人たちに指示し、思いどおりに動かそうとします。そして、動いてくれないと、自分を軽視したと怒ります。もう自分は上司ではないし、相手は部下ではない。自分はただの先輩なのに、上司として扱われないことが許せないのです。

もっとも、そういう人は、現役時代から、たとえば仕事とはまったく関係のない場所で、つまり、肩書きがまったく通用しないところで、ふつうの人と同じように扱われるだけで、この俺さまを誰だと思っているんだ！とばかりに、怒り出したりしていたはずですが。

確かに、たとえばホテルに行っても、ある程度お金をもっていたらちやほやされます。飛行機に乗っても、大企業の社長ともなれば、ファーストクラスでＶＩＰ待遇。退職後も、自分のお金でそれができればいいのですが、現役中、経費は会社もちです。辞めてしまえばその権利も消滅です。でも、もう車と秘書がついていないと暮らしていけない。

というわけで、大企業や銀行などでは、元社長や元頭取たちの部屋があり、終身、秘書や運転手が賄われるようです。そこまで出世したわけではない人たちのためには、ＯＢ談話室なるものがあって、そこに「出社」するそうです。なにしろ昔の肩書きが通用する唯一の場所ですからね。

それもかなわないレベルだった人は、電車やコンビニで、他の乗客や店員の態度（ただ、その人を特別扱いしないだけのことなのですが）にキレるわけです。

もちろん、退職後も、周りから丁寧な対応を受け、尊敬される人もいます。そういう人は、現役時代から、肩書きではなく、人間性そのものに人徳がにじみ出て、それによってみなに丁寧に扱われていたからなのです。

願わくば、そういう人になりたいものですね。

第3章

リーダーシップの名言たち

この章では、古今東西の名言の中から、わたしのお気に入りのリーダーに関する言葉をご紹介します。ご自身のあるべき姿の参考にしてください。

1 老子に学ぶ「存在を意識されないリーダー」

「最も理想的な指導者は、部下から存在することさえ意識されない。
部下から敬愛される指導者は、それよりも一段劣る。
これよりさらに劣るのは、部下から恐れられる指導者。
最低なのは、部下からバカにされる指導者だ。
約束を守らない指導者は、部下の信頼を得ることができない。
立派な指導者は、弁解も宣伝もしない。
すばらしい業績をあげても、それがかれのはたらきだとは認識されない、
そんなあり方が最も理想的なのである」

（引用：『新釈老子』守屋洋著）

リーダーシップについてのさまざまな教えのなかで、わたしがもっとも好きなのが、こ

の老子の言葉です。

「最も理想的な指導者は、部下から存在することさえ意識されない。」

だいたい、リーダーは、部下から尊敬されたいと思うものです。わたしだってそうです。けれどももっとも理想的なリーダーは、部下から存在することさえ意識されない……というわけです。でも、これは、何もしないということではありません。これが実現するのは、考え方が統一され、仕組みができているときです。

もっとも強い組織って、何だかお分かりですか？

そう、宗教団体です。千年、二千年、ざらに続いています。なぜか？

考え方を求心力にしているからです。考え方には、それだけの力があります。

多くのリーダーが間違うのは、お金や地位などのインセンティブで人を動かそうとすることです。けれども、そんなものは「金の切れ目が縁の切れ目」の組織をつくるだけです。

松下幸之助さんは、創業してしばらくしてから理念の大切さに目覚め、その年をわざわざ創業元年にした、という逸話があります。人に誘われて宗教団体を見学したことも大きくかれの考え方を変えました。

経営者に「教祖」となれ、ということではありません。『ビジョナリー・カンパニー』では、「経営者は、ビジョンやミッションの宣教師たれ」と言っています。「教祖」でなく「宣教師」なのです。教祖は自分で言ったことを自分で変えられますが（教祖ですから！）、宣教師は、変えられない。たとえ自分自身の考え方であっても、それを守ることが求められるのです。

つまり、考え方のほうが上位概念なのです。だからこそ宣教師で、それらを組織にきちっと浸透させることこそが、経営者のもっとも重要な役目なのです。

「存在を意識されないリーダー」に必要なもうひとつのことは、仕組みをつくる、ということです。

ある程度の仕組みがしっかりとできていれば、部下は自分で動くことができます。うまくいけば成功体験をもつことができ、あたかも自分ですべてやったと考えられます。

考え方を統一し、
みながうまくやれる仕組みをつくれるリーダーがいちばんいいリーダー

だということなのです。

もう少し、順に見ていきましょう。

「部下から敬愛される指導者は、それよりも一段劣る。」

もちろん、敬愛されるのは悪いことではありません。問題は、敬愛にとらわれることです。自分が自分が、と言っているうちは、その可能性があります。

「これよりさらに劣るのは、部下から恐れられる指導者。」

いわゆる恐怖政治をする人ですね。できると言われるリーダーに結構たくさんいます。

もちろんリーダーですから、言わなければならないことは言わないといけない。けれども、「これやらなかったらクビだぞ」「給料を下げるぞ」と口に出して言うのはもちろん、たとえ言わなくても部下にそうしたプレッシャーを与えているようでは、働く人は委縮し、上司の顔色を窺うようになり、組織は活き活きとせず、持続的にベストパフォーマンスをあげることはできないはずです。

「最低なのは、部下からバカにされる指導者。」

「約束を守らない指導者は、部下の信頼を得ることができない。」

第1章でもお話ししたように、言ったことを守らないリーダーは、部下の信頼を得ることができません。大きなこと、売上利益ゴールについては言うまでもないと思いますが、注意すべきは、小さな約束です。部下をどこかに連れていってやるとか、そんなことも含めて、言ったことは絶対に守らなければなりません。

このことに関連して、社員の行動指針のようなものをつくっている会社では、まずリーダーが率先して、それを守らなければなりません。自分がやらないことを部下がやるはずがありません。

ここで、先ほどの「経営者は教祖ではなくて宣教師」というのが生きてきます。教祖は言うことを変えられますが、宣教師は変えられない。変えてはいけないのです。リーダーよりは、組織の理念、考え方のほうが上位の概念なのです。

「立派な指導者は、弁解も宣伝もしない。」

「すばらしい業績をあげても、それがかれのはたらきだとは認識されない。」

実力以上に自分を見せかけるのは論外だとしても、自分がやったこととはやったこととアピールしないと、正当な評価を受けられない、という声も一理ありますが、わたしはやはり、アピールしないといけないような人は本物じゃないと思っています。本当に人が目を見張るような実績をチームとして挙げていれば、究極のところになれば、アピールも何もありませんから。

そして、リーダーが考え方を統一し、仕組みをつくって機能させているからこそ、そのリーダーの働きだとは多くの人の目には映らないのですが、それでも、よく見ている人、本物の人物には、そのことは十分に分かります。

もし、自分が思っているような評価を周囲から受けていないと感じるとしたら、アピールが足りないからではなく、自分の実力が足りないからだと考えたいものです。次の努力へとつながります。むしろ、実力もないのに偶然、ヒットを当ててしまうことのほうがずっと、先が案じられませんか？

2

ナポレオン・ヒルの「成功するリーダーと失敗するリーダー」

☆リーダーになるための11の条件

①勇気をもっていること
②セルフ・コントロールの能力をもっていること
③正義感をもっていること
④強固な決断力をもっていること
⑤計画力をもっていること
⑥報酬以上の仕事をする習慣をもっていること
⑦明るい性格をもっていること
⑧思いやりと理解をもっていること
⑨詳細を知っていること

⑩責任感をもっていること
⑪協調心のあること

（引用：『巨富を築く13の条件』ナポレオン・ヒル著）

☆リーダーが失敗する10大原因

①精緻な思考に欠けること
②つまらない仕事をしたくないという気持ちをもつこと
③行動よりも知識を大切にすること
④部下の挑戦を恐れること
⑤想像力が欠如していること
⑥利己主義者
⑦過激な性格
⑧不誠実
⑨特権の乱用
⑩地位の誇示

（引用：『巨富を築く13の条件』ナポレオン・ヒル著）

まずは、「リーダーになるための条件」から。
いまのあなたには、いくつ当てはまるでしょうか?
順に見ていきましょう。

①勇気をもっていること

前に進む勇気ですね。松下幸之助さんの『道をひらく』にも、「幾千万人といえどもわれ行かんとする烈々たる勇気」という孟子の言葉が出てきます。リーダーにまず第一に必要な資質です。

②セルフ・コントロールの能力をもっていること

言うは易し、行うは難し、の能力です。よく直感で生きればいいとか、本能のままにエネルギーをもって進めばいいと言う人がいますが、それは大きな間違いです。世の中とか人生、人間についてよく勉強した人なら直感で行ってもいいでしょうが、さほど勉強していない凡人が本能や直感で動いたら、動物と同じになってしまいます。

まずは、生き方、考え方を学ばなければなりません。それはある意味、煩悩との闘いと言えるかもしれません。聖人君子のようにはなれないとは思いますが、ある程度は自分をコントロールできることが、リーダーとしてとても大事だと思います。

③正義感をもっていること

やっぱり正義感や倫理観がないリーダーは困ります。

④強固な決断力をもっていること

先にも出てきましたが、ものを決められないリーダーは最悪です。みんなが前に進めませんから。当然、間違うこともあります。でも、間違ったら間違ったでいいのです。結果がすぐ出ますから。リーダーにとって、みなの時間を奪うことがもっとも良くないことなのです。だから、とにかく決断する。

この場合、正しい判断力をもつことが必要ですが、そのためにはまず勉強して判断基準をもつことです。そうして、できるだけ成功確率の高いことを行います。第１章でもお話ししたように、松下幸之助さんは、六割できると思ったら実行したそうです。

⑤計画力をもっていること

計画力というのは、想像力につながっています。うまくいかない人というのは、要するに、想像力が足りない。ただし、この場合の想像力というのは、夢想家のそれではなく、**論理的思考に基づく想像力**です。

目標達成するためには何と何と何をしないといけないか？　将棋と同様、論理的に、次の手、次の手を考えていくのです。単に、あそこまで行きたいな、と「夢想」するだけでは行けませんから。

「計画力」に関して、もうひとつ大事なことは、必ず二の矢、三の矢を用意していることです。うまくいかなかったときのためのバックアッププランです。これは、一代で東証一部上場会社をつくりあげた経営者から教えていただいたことです。これもまた、論理的思考に基づく想像力によるものだとお分かりでしょう。

⑥報酬以上の仕事をする習慣をもっていること

上に立てば立つほど責任も重いし、やらなければならないことも大きいわけですから、給料をたくさんとること自体はかまわないと思います。それ以上の仕事をしているのでしたら！　ここで注意しないといけないのは、部下の仕事に逃げ込むことによって報酬以上の仕事をしようとすることです。そうではなくて、重要なのは、リーダーとしての役割をまっとうしているかどうかです。

⑦明るい性格をもっていること

これはもう生まれつきの性格もあるのかもしれませんが、やはり成功したリーダーに共通するのは、明るさ、前向きさです。あまりに内向的な人や暗いタイプは、ひとりで仕事をする分にはいいかもしれませんが、リーダーとしては部下がたいへんなことも少なくありません。

⑧思いやりと理解をもっていること

要するに、自分だけが良ければいいのではなく、周りの人も幸せにできるかどうかということです。そして、社会も会社も、そもそもは人が幸せになるために存在しているものだということを片時も忘れないことです。とくに経営陣になると、人・物・金とひとことで言ってしまいがちです。確かに会計的に見れば、すべてコストかもしれませんが、優れたリーダーは、「人」は金や物とは違うことを十分理解しています。

いまの時代、社会とのもっとも大きな接点は、ほとんどの人にとって勤めている組織です。つまりほとんどの人が被雇用者です。戦後すぐのころは、働いている人の半分もいませんでしたが、いまはほとんどの人が会社員です。そして、社会というのは、もともと人を幸せにするために存在するものです。だとするならば、その社会といちばん大きな接点をもっている勤務先の組織が人を不幸にしてはいけないのです。それは社会にとって自己矛盾です——これは、ピーター・ドラッカーの言葉です。

⑨詳細を知っていること

組織で起こっていることのすべてを知るのはむずかしいとは思いますが、大きなことだけでなく、細かいことも目に入る、入ってしまう。リーダーとはそういう人です。そういう人がリーダーに向いているのです。

⑩責任感をもっていること

「電信柱が高いのも郵便ポストが赤いのも全部自分のせいだ」(一倉定)と思えるかとい

うことです。そこまでは思えないとしても、自分の権限の及ぶ範囲においては、たとえ自分が知らないところで起こってしまっていたことだとしても責任をとる覚悟が必要です。そうでなければ、部下はついてきません。

⑪協調心のあること

たとえば課長でしたら、他の課との協調ができるか、自分の部署だけが良ければいい、ということではない、ということです。当たり前の話なのですが、役員会議などに出てみると、それぞれ担当の役員が自分の管轄部門の都合でいろいろと主張する、という光景にたまに出くわします。会社全体を考えた場合にはたしてそれでいいのでしょうか？

社長になる人は社長になる前から、場合によっては新入社員のころから、「For the company」で仕事に臨んでいるものです。


以上ですが、あなたに当てはまるものがいくつありましたか？

ここには出てきませんが、わたしなりのリーダーの条件を加えれば、「大局観」をもつことですね。やはり、社長には社長に、課長には課長に、平社員には平社員に見えている景色というものがあります。

リーダーになる人とは、平社員のうちから、社長に見える景色が見えている。全体にとってのベストを考えられる人なのです。

ただし、それは、平社員が社長の仕事をする、という意味ではありません。『論語』にも、下の人が上の人の権限の仕事をするな、と書いてあります。**大局観をもちながら、自分の仕事をまっとうする**のです。

＊＊＊

次に、ナポレオン・ヒルが言う「リーダーが失敗する10大原因」についても見てみましょう。こちらは、当てはまっては困るのですが……。

心当たりのある項目がありますか？

①精緻な思考に欠けること

リーダーには、大胆さが重要ですが、それは大雑把に考えることではありません。精緻な思考に基づく大胆さです。

白と黒の間には無数の灰色があります。単純に割り切る人にとっては、白か黒だけかもしれませんが、それが失敗を生みます。最後は白か黒か決めないといけないとしても、その間にあるグラデーションを十分分かったうえで決めているのか、単に白か黒かだけで決めているのかによって、うまくいかなかったときの方向転換、同じ失敗を二度と繰り返さないための要因分析などが大きく変わってきます。

②つまらない仕事をしたくないという気持ちをもつこと

たとえば、わたしのホテルや電車、飛行機の予約は秘書にまかせていますが、それは自分でやるより彼らがやったほうが早いし、わたしはそれに費やす時間でお客さまに喜んでもらえる別の仕事ができるから。ただそれだけのことです。

どんな仕事にもそれが必要な理由があります。きちっとやらなければすべてが狂ってきます。部下の仕事を見て、自分だったらしたくないな、つまらない仕事だな、などという考え方が少しでもあるとしたら、部下は働く意欲をもてるでしょうか？

③行動よりも知識を大切にすること

頭が良ければ何でもできるという勘違いをしてしまう人が、学歴に自信のある人に多いようですが、それはもちろん大きな間違いです。分かっているはずなのに、組織も大きくなると、あることをうまく考えて、きちっと言える人が偉くなったりしてしまうので、困ったものです。学会ならともかく、ビジネスなら、頭の品評会より熱意の品評会にしたほうがずっとましです。

④部下の挑戦を恐れること

優秀な部下が出てきたら、有難いぐらいに思わなければ！　その部下をうまく使うのがリーダーの仕事です。実際、リーダーになってうまくいく人には、猛獣使いのような人が多いものです。

⑤想像力が欠如していること

この先、何が起こるのか、どうなるのかということを考える力がない人が上に立つ組織ほど危険なものはありません。「リーダーになるための条件」の「計画力」とも大いに関係します。もし、戦闘状態に入ったときに、上官がこの先どちらに行けばいいか分からない、何が起こっているのか分からないなんてことになったら、間違いなく部隊全滅です。

イノベーションを起こす創造力も必要ですが、合理的に判断して次に何が起こりそうかを想像する力の欠如は致命的です。

⑥利己主義者

自分のことしか考えない人。これはもうリーダー以前の問題。グループで生きていくのにまったく向いていないと思います。

⑦過激な性格

う〜ん。松下幸之助さんも、ソフトバンクの孫さんも、ユニクロの柳井さんも、日本電産の永守さんも、みんな結構過激で、ものすごく攻撃的だと聞きます。もちろん、スティーブ・ジョブズも！　ただし、彼らはみな非凡でした。平凡なわたしたちは、ほどほどのところで、ギリギリに抑える術も身につけておいたほうが良いでしょう。

⑧不誠実

これは「言ったことを守る」の逆ですね。誠実さがないのだとしたら、せめてそのふりでもしてください。そして、真剣になってください。リーダーが適当でいい加減だと部下はたいへん困ります。

⑨特権の乱用

自分の地位は特権だと思っている人がいます。けれども実際のところ、リーダーなんて責任と権限以外に何ものでもない存在です。昭和の時代ならともかく、部下は、子分でも家来でもありません。

⑩地位の誇示

ここまでさんざんお話ししてきたように、何か肩書きがないと勝負できないと思っている人はたくさんいます。仕事がうまくいかないのを、自分の肩書きのせいにするわけです。そういう人が地位を得ると、肩書きで呼ばれないと気に入らない、社長と呼ばれないと許せん、先生と呼ばれないと不快だ、などということになります。

もちろん、わたしだって、ちやほやされたほうが気持ちいいのは事実です。でも、地位でちやほやされるのは毒です。そう思っていないと、ろくなことはありません。

＊＊＊

いかがでしたか？

ナポレオン・ヒルは、成功した人たちを調べてこいとカーネギーに言われて調べて、それで本人も大成功したことで知られています。すべて当然と言えば当然のことですが、ただの思いつきだけで以上の項目が並んでいるわけではなく、自身の調査や経験から成功している人の特質を調査して挙げたものなのです。ですからなかなか説得力がありますね。

自分自身がどうあるべきかを考える道しるべにしていただければと思います。

3

アッシジの聖フランシスコに学ぶ「与える力」

「神よ、私をあなたの平和の使いにしてください。
憎しみのあるところに、愛をもたらすことができますように。
いさかいのあるところに、赦しを
分裂のあるところに、一致を
迷いのあるところに、信仰を
誤りのあるところに、真理を
絶望のあるところに、希望を
悲しみのあるところに、よろこびを
闇のあるところに、光をもたらすことができますように、
助け、導いてください。

神よ、私に

慰められることよりも、慰めることを
理解されることよりも、理解することを
愛されることよりも、愛することを望ませてください。

自分を捨てて　はじめて自分を見出し
赦してこそ赦され
死ぬことによってのみ
永遠の生命によみがえることを
深く悟らせてください」

（引用：「平和を願う祈り」アッシジの聖フランシスコ）

とくに、第二段落、「神よ、私に　慰められることよりも、慰めることを　理解されることよりも、理解することを　愛されることよりも、愛することを望ませてください」の部分が好きです。

みんなもらうことばっかり考えるじゃないですか！　でも、大人と子どもの違いが分かりますか？　もらうより与えることに喜びを感じるのが大人。リーダーはとくにそうだと思います。

慰められることよりも慰める、理解されることよりも理解する、愛されることよりも愛することを望ませてください――「望ませてください」とあるからには、もともとむずかしいことなのだとは思いますが……。

自分のことばかり考えていると、かえって自分が分からなくなってしまいます。ときに自分を客観的に観ることも必要です。松下幸之助さん曰く「自己観照」を行う。自分の心を自分の身体から取り出して、客観的に自分を見るということです。

このアッシジの聖フランシスコでは「自分を捨てる」という言い方をしていますが、自分以外の立場に立ってみてはじめて自分を見いだし、「赦してこそ赦され　死ぬことによってのみ永遠の生命によみがえることを深く悟らせてください」の「死ぬことによってのみ永遠の生命によみがえることを深く悟らせてください」というのも非常にむずかしい概念です。わたしは、仕事に自分の一生を捧げる、それによって永遠の命によみがえるという意味だととらえています。

わたしの師匠の藤本幸邦老師がよくおっしゃっていたものでした。

「人は死ぬと、どうなると思います？」

答えは「自分が愛した人の心の中に生き続けるんですよ」と。

自分**を**愛したじゃなくて、自分**が**愛した人の心に生き続けるというのです。

誰の中にもリーダーシップはあります。リーダーシップの本質とはすなわち、「人に与える」こと、人を豊かにすること。それこそ、人間としてのあるべき姿です。

4 稲盛和夫さんから「動機善」を学ぶ

「動機善なりや、私心なかりしかどうか」

稲盛和夫さんの名言としては、第1章にも挙げた「考え方×能力×熱意」がありますが、もうひとつ、有名な言葉があります。それがこれです。

上の立場の人が何かやろうと判断するとき、動機が正しいかどうか、自分を利することが先に来ていないか、それが重要だと言っているのです。すべて自己犠牲しろとは言わない。けれども、そこに少しでも私心があると、必ずや判断を間違うことになる、公や全体を優先すべしというのです。まさにそのとおりですね。当たり前のことですが、なかなかにむずかしいものです。私心を優先せず、結果的に自分のためにもなるというのが理想かもしれませんね。

5 一倉定さんから「リーダーの責任」を学ぶ

「電信柱が高いのも、郵便ポストが赤いのも、全部自分のせいだと思え」

松下幸之助さんも同じようなことを言っています。

「うまくいったときは運が良かったと思え。失敗したときには自分を反省しろ」

『ビジョナリー・カンパニー2』の中にもあります。

「うまくいったときは窓の外を見て、失敗したときには鏡を見ろ」

うまくいかない人は必ず、うまくいかない理由を自分以外のところにもっていきます。部下が言われたとおりにやらないとか、業界全体が縮小しているからとか。そして、うまくいったことは自分のおかげ。しかし、企業を飛躍的に伸ばしてきたリーダーに共通するのは、すべて自分のせいだと引き受けて反省する人。そして常に成長しようとする人です。

6 徳川家康に、「大将の戒め」を学ぶ

人の一生は重い荷を背負いて遠き道を行くがごとし。急ぐべからず。
不自由を常と思えば不足なし。
心に望み起こらば、困窮したるときを思い出すべし。
堪忍は無事長久の基、怒りは敵と思え。
勝つことばかり知りて、負くること知らざれば害その身にいたる。
己を責めて人を責めるな。
及ばざるは過ぎたるに勝れり。

家康が人気なのは、信長、秀吉という大天才のもとで耐えながら、やがて天下をとる様に多くのビジネスパーソンが共感するからでしょうか。「過ぎたるは及ばざるが如し」と通常は言われるところを、「及ばざるは過ぎたるに勝れり」というところは、さすが家康ですね。至らない人をうまく使えてこそリーダーなのです。

もうひとつ、「リーダーの勘違い」の章での戒めにも共通する言葉が家康のものとして伝えられています。最後の一文に大いに納得させられます。とてもむずかしいことですが……。

大将の戒め

大将というものは
敬まわれているようでその実、家来に絶えず落度を探られているものだ
恐れられているようで侮られ、親しまれているようで疎んじられ、
好かれているようで、憎まれているものじゃ
大将というものは
絶えず勉強せねばならぬし、礼儀をわきまえねばならぬ
よい家来を持とうと思うなら、

わが食を減らしても家来にひもじい思いをさせてはならぬ
自分一人では何もできぬ
これが三十二年間つくづく思い、知らされた家康が経験ぞ

家来というものは
禄でつないでならず
機嫌をとってはならず
遠ざけてはならず近づけてはならず
怒らせてはならず
油断をさせてはならぬものだ
「ではどうすればよいので」
家来はな　惚れさせねばならぬものよ

7 孔子に、不遇に屈しない誇りを学ぶ

『論語』には、有名な言葉がたくさんありますし、わたしもこれまで、折に触れ、いくつもご紹介してきましたが、ここでは、本章の最初に取り上げた『老子』とまさに呼応するような一節を取り上げたいと思います。

「人のわれを知らざるをうらみず、また君子ならずや」

これ、聞いたことがありますか？

実は、『論語』の冒頭に出てきます。あの有名な「学びて時にこれを習う」から始まる文章の最後の一文です。

子曰く、学びて時に之（これ）を習ふ。
亦（また）説（よろこ）ばしからずや。
朋（とも）有り、遠方より来たる。
亦（また）楽しからずや。
人のわれを知らざるを慍（うら）みず、亦（また）君子ならずや

孔子は、中国春秋戦国時代当時のある国の司法長官ぐらいの地位にはなって、三千人ぐらいの弟子がいたと伝えられていますが、もともと卑しい身分の出で、本人としては不遇な人生だと思っていた節があります。

だからこそ、「学びて時にこれを習う。また喜ばしからずや」、つまり、学んだことを実践できる場を与えられたら、どれほどうれしいかと思う。そう、「習う」というのはここではいわゆる復習という意味だけではなく、実践するという意味でもあるのです。

習うという字は羽に白（鳥の頭のことです）と書きますね。これは、鳥が実際に羽ばたいている様子を表したもので、もともと習うという字には、鳥が空を飛ぶように、現場で実践する、という意味があるのです。そして、孔子には、それが与えられなかった、とい

うわけです。

そして、「朋あり、遠方より来たる。また楽しからずや」と続きます。ただの友だちではなく、朋友、つまり親友です。不遇な人のところに、人は訪ねてきませんが、親友だけは遠くからもやってきてくれる、有難いことだ、と言っているわけです。

そして、「**人のわれを知らざるをうらみず、また君子ならずや**」です。

リーダーだって、いいときも悪いときもあります。不遇の時代があります。そのとき、何をするかに、その人の真価が表れるのです。たとえ、いまは無名の身で、学んだことを実践できる場を与えられていないとしても、いつかそのときが来るのを信じて、こつこつと学び続けることが、人間として大事なことなのです。

第4章

「リーダー力」を身につけるための10の習慣

リーダーとして成功するために、
ふだんから実践したい「正しい努力」や「習慣」について説明します。

習慣❶

小さなことでも決断する

第1章でリーダーに求められる能力の最初に取り上げたのが、「決断力」でした。実際、優柔不断な人はリーダーには向きません。ただ、これは、性格ではなく、一種の習慣です。

たとえば、お魚にしますか、お肉にしますか？　お水はガス入り、ガスなし？　お席は窓際がいいですか、通路側がいいですか？　緑にしますか？　青にしますか？……日々、わたしたちは、小さな決断を迫られます。優柔不断な人というのは、こうしたときにすら迷います。あるいは、誰かの決定に従おうとします。それを自分で素早く決める練習をするのです。小さな決断に迫られるときこそ、いい訓練の場だと思って決断するのです。そして、やっぱり青が良かったかな、とあとで思ったとしても、そこで反省して次に進むこと。失敗からも学べます。

決断力がある人というのは、たいてい、生活環境などにより小さいころから意見を問われ尊重されてきたので、**決断する習慣があるだけのことです。要するに慣れや経験です。**

習慣❷ 新聞を一面トップ記事から読む

いくつになってからでも遅すぎることはありませんが、やはり若いころから新聞を読む習慣をもっていたほうがいいと思います。世の中で起こっている大きなことを頭の中に入れていくことによって、**自分の関心を社会の関心に合わせる**よう訓練していくのです。そうでないと、ずっと自分の狭い関心の中で生きていくことになります。

ここで重要なのは、ひとつは、大きな記事を読むということです。一面のトップ記事ももちろんそうですが、リード文（全体を五、六行でまとめた文章）が出ているような大きな記事は、たとえそれらが自分の興味の対象外だとしても、必ず読むのです。そうやって、関心の幅を広げることが大切です。

そして、さらに、読んでいて気になったことをメモする習慣を持つことです。なぜかというと、メモすると、覚えますよね？　そして、ときどき、そのメモを見返す。そうやって頭の中に入れておくことが大事だからです。

このようなことを言うと、そんなの、ググれば出てくるじゃないですか、外部脳があればいいという声が聞こえてきそうですが、外部データベースはいざというときには役に立たない。実際の交渉の場、議論の場、役員会などでは、自分の脳の中に入っているものしか使えません。

メモしたことをときどき見返すことによって、自分の頭の中のデータベースを固めつつ、常にリフレッシュしていくことができます。また、長年続けることによって、世の中についてさまざまな仮説を立ててみることができるようになります。

たとえば、この原稿を書きながら読んだ日経新聞に、日本の個人金融資産が千八百兆円を超えたとありました。増えているのです。株の時価総額が若干上がったこともありますが、預貯金も九百兆円と増えている。貯蓄率は下がっているのに、資産総額は増えている。これはどういうことか？　格差が広がっている、富裕層の資産が増えている、などの仮説が立てられますね。

いまは日経新聞だけでなく他紙でも電子版がありますので、電子版を読めばいいですか?という質問をよく受けます。もちろん悪くありません。わたしも読みます。ただ、紙の新聞には、電子版にはない良さもあります。

たとえば、紙面の配列と大きさ。それによって、社会におけるその事柄の重要度が分かります。次に一覧性。めくっているうちに、電子版では絶対に目にとまらなかったであろう記事に出会うことも少なくありません。

そして広告ですね。電子版にもネット広告がありますが、雑誌や書籍の広告は、仕事柄わたしにとって重要な情報源のひとつでもあるのです。一般的な世間の関心事項が一覧できますから。

さらに大きな違いは、読み切り感。たとえば紙の日経新聞でしたら、最後に「私の履歴書」と「交遊抄」を読んで終われるのですが、電子版の場合、次々に関連記事を出してきてくれるのはいいけれど、それを読んでいると、いつまで経っても読み終われません。

とはいえ、ネットでは速報もすぐに見られますし、紙版と電子版の両方を上手に使いこなすことがこれからの情報収集、とくにリーダーには重要でしょう。ちなみに、日経新聞の電子版には、クリップ機能があり、クリップボタンを押せば、そのまま記事をアーカイブしておくことができます。

習慣❸ 部下の話にメモをとる

メモは、新聞を読みながらだけでなく、人の話を聞くときにも、威力を発揮します。

イトーヨーカ堂の創業者の伊藤雅俊さんと親しい方お二人に直接伺ったのですが、彼らの話に共通していたのは、伊藤さんほど人の話を聞く人はいなかった、ということでした。そして、誰の話を聞くときも、必ずメモをとっていたと。

このメモをとる、というところが重要です。ただ熱心に耳を傾けるだけではなく、メモをとる。その**一歩踏み込むところが、優れたリーダーに共通する**ところです。

クレアモントにピーター・ドラッカーが学長をしていたビジネススクールがありますが、そこの正式名称をご存じですか？

マサトシ・イトウ・アンド・ピーター・ドラッカー・スクール・オブ・ビジネスというんですよ！　ドラッカーに心酔して、伊藤さんが寄付したからです。ドラッカー好きのビジネスパーソンはたくさんいますが、ここまで一歩踏み込む人はなかなかいません。「一歩踏み込む」こともまた習慣だからです。

ふだんからやっておかないと、重要な場面で自然に踏み込むことはできません。そして、ふだんからやっておくといいことのひとつが、部下の話にメモをとって聞く、ということなのです。

ちなみに、イトーヨーカ堂というのは、もともとお母さんがやっていた千住の二坪の小さな雑貨屋さんでした。とても厳しい母親だったらしく、仕事中は座ってはいけないとか、お客さんも仕入れ先さんも売ってくれない買ってくれないのが当たり前、銀行さんは貸してくれないのが当たり前、といったことをきちっと教え込まれたそうです。人の話をメモする、というのもそうなのでしょう。伊藤さんは、それをずっと守ってこられたのです。

習慣❹ 肩書きにこだわらず人に会う。ちやほやされない場所に行く

肩書きやお金が通用しない場所に積極的に行って、そこで友人をもつことも大切です。利害関係がなく、何でも言ってくれる友人をもつことです。高校時代や中学時代の友人がいいかもしれません。

ただ、この場合、もし昔なじみといっしょにいるのが心地いいからだとしたら、それはそれで人生の楽しみとしてはいいでしょうが、リーダーになるための習慣にはなりません。

重要なのは、もう誰も言ってくれなくなったような言いにくいことを、歯に衣着せずに言ってくれる友人がいるか、という点です。

もし、そういう友人がいないのでしたら、ふだんの肩書きが通用しない、居心地の悪い場所に行くことです。あえて、自分よりずっと地位の高い人たちが集まる場に行くとか、社名を言っても誰も知らないような外国、外国並みに異質な業界の人たちの集まる場に行くのも良いでしょう。そんなところでも、出会った人になにがしかの影響を与えることができたら、それこそ本物のリーダーです。

わたしの東京銀行時代の同僚で、外資系金融機関で出世し、いまはいくつかの会社の顧問のようなことをやっている人がいますが、彼は地元の消防団にも入っているそうです。訓練後、商店街のおっちゃんたちに混じってみんなでお酒を飲んだりするのが、それは楽しいと言っています。ちやほやされるために銀座に行く人とはたいへんな違いです。

ちなみに、『論語と算盤（そろばん）』によると、渋沢栄一は、書生や学生など、彼の教えを請いにやってくる人たちと分け隔てなく会っていたそうです。下の人に会うのは自分のメンツに関わる、なんてことはまったくありませんでした。

習慣❺

本を読む。話題の新刊を読む。古典を読む

古典については、『論語』（入門書でいいです。わたしは、安岡正篤先生の『論語の活学』（プレジデント社）が最初でした）や『老子』（守屋洋さんがたくさん解説書を書かれています）、『菜根譚』（ディスカヴァーからもエッセンシャル版が出ています）をお勧めしています（全部、中国の古典ですね）。仏教やキリスト教の本もいいでしょう。

つまり、**普遍的な価値観を教えてくれる本は、読んでおくべき**だと思うのです。リーダーが偏った価値観、間違った価値観をもつことほど危険なことはないからです。

と同時に、**いま話題になっている本も、自分の関心を超えて、とりあえず読む**習慣をもつことです。たとえば、ＡＩ関係の本。高度医療テクノロジーやゲノム関連の本。これからのビジネス社会を俯瞰していくうえで、当然知っておくべきです。

以上のように、本を読む習慣は、リーダーを目指す人の知識を広め、深めるうえで、なくてはならないものですが、知識そのものは、インターネットはもちろん、テレビのサイエンス番組、ドキュメント番組などからも得ることができます。場合によっては、本よりもずっと理解しやすいものです。

一方、本でなければ得られないこともあります。それが、論理的思考力です。テレビが本よりも分かりやすいのは、論理的思考力のレベルを中学生ぐらいに落として、誰にでも分かるようにつくられているからです。**論理的思考力を高めたいと思ったら、論理的思考力の高い著者の書いた本を読む習慣をもつしかありません。**

実際、この数十年で、いわゆる知識層の論理的思考力のレベルもかなり落ちてきているように思います。東大生ですら、ろくに本を読まない学生が増えているらしいのですから。だとすると、**論理的思考力の高い人は、それだけで希少価値をもつ**、売りになるということです。電車の中でスマホでゲームをやっている時間があったら、せめてその半分を、ちょっとむずかしい本を読む習慣に変えるだけで、ふつうの人に大きく差をつけることができるというわけです。

習慣❻ 歩く

いろいろなタイプのリーダーがいますが、病弱はリーダーには大敵です。やはり、健康がすべてのベースです。

すると、生まれつき病弱な人はリーダーになれないのか？という声が聞こえてきそうですが、松下幸之助さんは、実は、若いころ非常に病弱でした。でも、「寿命と病弱は違う」が口癖で、入院も多くされましたが、九十四歳まで生きられるという長寿でした。

健康維持には、ジムに通う、流行りの低糖質ダイエットを行うなどいろいろあるでしょうが、もっとも簡単で効果的なのは、やはり歩くことだと思います。よく一日一万歩と言いますが、東京あたりだと、ふつうに電車に乗って会社に行き、社内では何でも若い人に言いつけないで自分の身体を動かし、外出時もできるだけ車やエスカレーターを使わないようにするだけで、自然に一万歩ぐらいはいってしまいます。やはり、これも習慣です。

習慣❼ 親孝行する

「親孝行して不幸になった人はいない」――これは、わたしの持論のひとつです。人との関係のつくり方や家族との関係、他者への気持ちのもち方というのは、その人の親への気持ちにつながっています。親との関係が人間関係のベースです。二代目、三代目の中小企業の社長さんたちをたくさん見てきた中で、実感しています。

わたしの両親はもう亡くなっています。もし、あなたのご両親がまだ存命なら、生きているうちに、親孝行をすることをお勧めします。

習慣❽
ニコニコする

上に立つ人には、やっぱり愛嬌が必要、こう言ったのは、松下幸之助さんですが、やはりニコニコしている人のほうが人が集まりやすいし、実際、創業社長には、愛嬌があって、愛想のいい人が多い。とくに関西はそうかもしれません。

大分前に、経営コンサルタントの大先輩の船井幸雄さんから「ニコニコしているといいことがありますよ」と言われたことがあって、以後、わたしもニコニコするように気をつけています。

習慣❾
毎日、反省する時間をもつ

これまで何人もの創業社長を見てきました。一代で東証一部上場企業を育てた人たちもいれば、会社を倒産させた人たちもいます。ともに共通するのは、「前向き」なことでした。やはり、リーダーには、前向きでチャレンジ精神があることが必要なようです。

では、結局、途中でうまくいかなくなってしまった人と、成功した人、どこが違うのでしょうか？

わたしはそれは、「反省」の習慣があるかどうかだと思っています。

つまずく人というのは、独善的なのです。自分を客観的に見ることができなくなっています。それは、反省がないからです。

（一部上場企業を一代で築いた経営者のひとりは「小宮さん、反省では足りなくて自己否定が必要だよ」とおっしゃっていました。一代で上場会社をつくるのは並大抵のことではありませんが、その方の口から「自己否定」という言葉が出たのには驚きました。自己否定まではむずかしいかもしれませんが、反省はとにかく必要だとそのときにも痛感しました。）

反省を習慣にするために、わたしは日記を書いています。その日一日を反省するのです。**物理的に何かやらないと、反省しようと思っていたとしても、思っているだけで終わってしまうからです。**

わたしの知り合いの中には、その日の手帳を見返してその日を振り返る人もいます。そうやって、二度と同じ過ちを繰り返さないようにすると同時に、自分というものを常に客観的に見ていけるように努めることが大切ですね。

習慣⑩ 夢を語る。理念を語る

社長が、会社の理念、夢を語るのは当然ですが、リーダーとなる人は、若いうちから、それを理解し、自分の言葉で語る習慣をもっているものです。

この社会において、この会社が目指しているもの、社会がこの会社に求めているものは何か？　それを新入社員のころから自分なりに考え、理解し、腑に落としていることは、リーダーとなる人の必須条件です。

わたしは、これから就職する若い人へのアドバイスとして、面接の場では、「その会社のビジョンを聞きなさい、そしてそれについて面接官が自分の言葉で即答できないようだったら、早々に退出しなさい」と言っています。

一方、先にも少し触れましたが、夢を語る習慣も重要です。理念だけではどうしても堅苦しくなりがちだからです。もちろん、その夢は、自分の個人的な夢ではなく、会社全体、社員全体の夢と重なるものでなければなりません。

最近は減りましたが、若い人の中には、いつか運転手つきの車に乗る身分になりたい、高層ビルに眺めのいい社長室をもちたい、などという物質的な「夢」を語る人もいます。最初は、それでもいいと思います。ただ、いつまでもそこに留まる人は、いずれ頭打ちになります。これまで数十年、多くのリーダーを見てきて言えることです。

欲望のレベルもまた、高めていかなければならないのです。

その第一歩は、ここまで来たのは誰々さんに支えられたからだとか、お客さまに認められたからだと、社会に支えられていることに気づくことです。

すると、そのお客さまや社会にもっと還元しよう、貢献しようという気持ちが湧いてきます。それがレベルの高い欲望です。「アッシジの聖フランシスコ」で言えば、もらうことだけでなく、与えることに喜びを感じられるかどうか、です。

多くの人が、物質的な欲望に対しては足るを知りませんが、社会に貢献すること、自分の実力を上げることについては、足るを知ってしまっているように思います。言うまでもなく、逆でなければいけません。物欲などには足るを知り、実力を上げることや社会貢献には終わりはないのです。

あとがき

いま、「働き方改革」と称して、過度の残業をやめさせ、働く時間を短くしましょう、ということが盛んに言われ、その成功例として北欧でのワークシェアが取り上げられたりしています。では、なぜ、北欧では、ワークシェアがうまくいっているのでしょう?

これは、調べてみればすぐ分かることですが、ワークシェアがうまくいっている国というのは、一人あたりのGDPが高いのです。だから、分けても大丈夫。でも、日本の場合はどうでしょう?

一九九七年をピークに、一人あたりの給料が伸びない国で、八時間労働を六時間にしましょう、といったところで、給料が四分の三になるだけです。結局、労働者自身も望みません。成り立たないのです。

本論はこれからです。で、どうするかというと、生産性を上げなければならない、ということになります。生産性というのは、一人あたりが生みだす付加価値額です。でも、いまの時代に一人あたりの付加価値額を増やすとしたら……そう、AIやロボットの利用ですね。つまり、人がいらなくなってしまうということです。確かに労働時間は減ります。だって、人が働く仕事がなくなっていくのですからね。AI関連の仕事をする人の給料は増えるかもしれませんが、AIに仕事を取って代わられた人たちに高い給料のとれる仕事が見つかるかは不明です。

このような状況の中、ベーシックインカムが現実的になってきました。スイスでは昨年の国民投票で否決されましたが（日本円にして月額二十七万円を全国民に配る）、フィンランドでは試験的な導入が始まっています。

こうして世界はいま、仕事と人生について、人の幸福について、考え直さなければならないときに来ています。松下幸之助さんは、「働くことそのものの喜びを金銭に代えられると思っている人は、本当の仕事の喜びを知らない」とおっしゃいましたが、その喜びを感じたくても感じられない人びとが出現する世の中が始まろうとしているのです。

これから先、仕事に関しての価値観が大きく変わる時代が来るかもしれません。しかし、仕事や社会貢献についての喜びまでなくしたくないものです。

わたしは、「良い仕事」の定義として「①お客さまが喜ぶこと、②働く周りの仲間が喜ぶこと、③工夫」を挙げますが、「良い仕事」を通じて、お客さまや働く仲間、ひいては社会に貢献することで得られる喜びまでなくしてしまうのはとてももったいないことだと思っています。

いまでもそうですが、働く人が働くことそのものによって感じられる喜びを得られるかどうかは、リーダーにかかっている部分がとても大きいと思っています。リーダー自身が喜びを感じ、そして、働く仲間もそれらを感じられるように社風や考え方をもっていけるかです。本書を通じて、多くの成功するリーダーが生まれることを願ってやみません。

最後に、本書作成にあたり、これまでの「養成講座」シリーズ同様、ディスカヴァー・トゥエンティワンの干場弓子社長にはたいへんにお世話になりました。彼女のおかげでとても良い本に仕上がったと思っています。この場を借りて心よりお礼申し上げます。

２０１７年９月
著者

ディスカヴァー携書 186

ビジネスマンのための「リーダー力」養成講座

発行日　2017年10月15日　第1刷

Author　小宮一慶

Book Designer　遠藤陽一（DESIGN WORKSHOP JIN, Inc.）

Publication　株式会社ディスカヴァー・トゥエンティワン
〒102-0093　東京都千代田区平河町2-16-1 平河町森タワー11F
TEL　03-3237-8321（代表）
FAX　03-3237-8323　http://www.d21.co.jp

Publisher　干場弓子

Editor　干場弓子＋杉田彰子

Marketing Group Staff　小田孝文　井筒浩　千葉潤子　飯田智樹　佐藤昌幸　谷口奈緒美　古矢薫　蛯原昇　安永智洋　鍋田匠伴　榊原僚　佐竹祐哉　廣内悠理　梅本翔太　田中姫菜　橋本莉奈　川島理　庄司知世　谷中卓　小田木もも

Productive Group Staff　藤田浩芳　千葉正幸　原典宏　林秀樹　三谷祐一　大山聡子　大竹朝子　堀部直人　林拓馬　塔下太朗　松石悠　木下智尋　渡辺基志

E-Business Group Staff　松原史与志　中澤泰宏　中村郁子　伊東佑真　牧野類

Global & Public Relations Group Staff　郭迪　田中亜紀　杉田彰子　倉田華　鄧佩妍　李瑋玲

Operations & Accounting Group Staff　山中麻吏　吉澤道子　小関勝則　西川なつか　奥田千晶　池田望　福永友紀

Assistant Staff　俵敬子　町田加奈子　丸山香織　小林里美　井澤徳子　藤井多穂子　藤井かおり　葛目美枝子　伊藤香　常徳すみ　鈴木洋子　内山典子　石橋佐知子　伊藤由美　押切芽生　小川弘代　越野志絵良　林玉緒

Proofreader　株式会社文字工房燦光

DTP　アーティザンカンパニー株式会社

Printing　共同印刷株式会社

ISBN978-4-7993-2182-9

携書フォーマット：長坂勇司